觉醒的父母

王俊峰——著

理念篇

北京理工大学出版社
BEIJING INSTITUTE OF TECHNOLOGY PRESS

版权专有　侵权必究

图书在版编目（CIP）数据

觉醒的父母．理念篇／王俊峰著．—北京：北京理工大学出版社，2023.4（2023.10重印）

ISBN 978-7-5763-2146-3

Ⅰ.①觉…　Ⅱ.①王…　Ⅲ.①家庭教育　Ⅳ.①G78

中国国家版本馆CIP数据核字（2023）第031578号

出版发行　／　北京理工大学出版社有限责任公司
社　　址　／　北京市海淀区中关村南大街5号
邮　　编　／　100081
电　　话　／　（010）68914775（总编室）
　　　　　　　（010）82562903（教材售后服务热线）
　　　　　　　（010）68944723（其他图书服务热线）
网　　址　／　http://www.bitpress.com.cn
经　　销　／　全国各地新华书店
印　　刷　／　三河市华骏印务包装有限公司
开　　本　／　710毫米×1000毫米　1／16
印　　张　／　13.75　　　　　　　　　　　　责任编辑／李慧智
字　　数　／　130千字　　　　　　　　　　　文案编辑／李慧智
版　　次　／　2023年4月第1版　2023年10月第12次印刷　　责任校对／刘亚男
定　　价　／　59.00元　　　　　　　　　　　责任印制／施胜娟

图书出现印装质量问题，请拨打售后服务热线，本社负责调换

目 录

第一章
好父母是要学习的，教育孩子要先成长自己

不断成长：没人天生是教育家，父母也要不断精进 / 2

终身职业：把为人父母看作是终身的职业 / 7

面对现实：学会面对现实，也是父母的功课 / 12

家长职责：成为孩子的合作者，不宠不娇不溺爱 / 16

父亲参与：父亲不缺位，教育不是母亲一个人的事 / 22

第二章
好父母是懂孩子的，懂孩子才能爱孩子、教孩子

自我省视：不耐烦、不关心、不认错，您是"三不"父母吗？/ 28

交流难题："我是为孩子好！"您真的理解自己的孩子吗？/ 33

转换思维：从孩子的视角思考问题，就会看到不一样的答案 / 38

足够专注：真正用心去听，仔细理解孩子的感受 / 45

优势养育：孩子不了解自己？听听孩子怎么说 / 50

阳光心态：做积极阳光的家长，更容易了解孩子 / 54

第三章
好父母是戒吼叫的，温和坚定才有力量

拒绝惩罚：惩罚毫无效用，做不打不骂的父母 / 60

解决问题：不是训斥责骂，而是及时反馈纠正 / 65

温柔力量：能够让孩子不再"顶嘴"的好办法 / 69

把握分寸：把握关怀与原则、要求与纵容的度 / 73

尊重孩子：用尊重打开孩子的心门，与孩子平等相处 / 78

第四章
好父母是能接纳的，要给孩子无条件的养育

接纳孩子：您对孩子的爱，是有条件的吗？ / 86

无私的爱：相信孩子是最好的，给予他急需的支持 / 91

心灵杀手：威胁是伤害孩子心灵的第一大杀手 / 95

面子问题：家长最不应该在意的事儿 / 100

目 录

擦亮眼睛：您有没有把自己的欲望投到孩子身上 / 106

学业问题：看重孩子的学习能力，而不是学习成绩 / 111

第五章
好父母是有界限的，与孩子建立亲密且健康的关系

学会放手：把自我管理的权力还给孩子 / 118

允许犯错：允许孩子跌倒，做孩子成长路上的陪伴者 / 124

行为窗口：告诉孩子，他自己的事自己说了算！ / 129

合理管制：给孩子自由，不要过度管制 / 134

了解自己：孩子越了解自己，对自己越有控制感 / 139

学会判断：如何判断自己的孩子已经独立了？ / 144

第六章
好父母是有远见的，要放眼孩子未来的成长

内在动机：放弃外在奖励，激发孩子的内在动机 / 150

因材施教：不厌其烦，更准确地找到孩子的优势 / 154

发挥优势：充分发挥孩子的优势，与孩子一起奔跑 / 159

关注目标：不要只关心孩子的排名，回到学习本身来 / 164

助力孩子：不要轻易否定孩子，做孩子梦想的助力人 / 169

第七章
好父母是成熟富足的，和孩子建立情感上的联结

爱的力量：给孩子一生的安全感 / 176

正面引导：让孩子在日常生活中进步 / 181

就事论事：迁怒是与孩子相处中的大忌 / 186

言行一致：做孩子信得过的家长 / 192

信任孩子：不怀疑孩子，这是爱的底线 / 196

正确夸奖：给孩子插上翱翔的翅膀 / 201

润物无声：父母与孩子建立联结的一些小事 / 209

第一章
好父母是要学习的，
教育孩子要先成长自己

不断成长：
没人天生是教育家，父母也要不断精进

"知心姐姐"卢勤老师曾说："我们对孩子的培养目标是什么？理想的人是品德、健康、才能三位一体的人。不重视体育，孩子可能成为废品；只重视体育，孩子将成为可悲的兽人。不重视智育，孩子可能成为次品；只重视智育，孩子会成为弱不禁风的病夫，或成为社会的危害。不重视德育，孩子可能成为危险品；只重视品德教育，孩子可能会无能。这样的人对社会，对人类都是无用的，或者是有害的。因此，对孩子的教育必须三方面并举。今天，对孩子的教育又增加了美育、劳动教育、心理健康教育、性教育等方面的内容，从而使我们的教育目标更趋完善。"我深以为然。

没有人天生是教育家，家长有不足很正常。但是，培养孩子是有窗口期的，一旦错过了这个窗口期，您再想培养就很难了。因此，希望您能在教育孩子这条路上不断精进，与孩子一起成长，做称职的父母。在这条路上，我认为有两点非常重要，一点是"拖延要不得"，一点是"三分钟热度要不得"。也就是说，只

第一章
好父母是要学习的，教育孩子要先成长自己

有持之以恒，您才能成为更好的父母，收获教育的甘甜。

拖延要不得

总有家长跟我说，孩子干什么都是磨磨蹭蹭的。您好好反思一下，您自己是不是也有拖延的问题。我们都知道"子欲养而亲不待"，父母老去的速度，是不会等您的。但是，我们往往忽略了，教育孩子一样不能错过最佳时机，一旦您错过了最佳时机，孩子是没办法再给您机会的。之后再想去弥补，难上加难。您不能说这个孩子没教育好，再重新生一个。每个孩子都是独立的个体，您生了他，就要好好教育。

就我自己的经验来看，小学一到三年级是孩子培养习惯的最佳期，小学四到六年级是孩子养成习惯的最佳期。小学四年级是一个关键期，是稳定习惯的关键期。说实话，等到了初中，您再想培养孩子的好习惯，再想跟孩子很好地联结，不是说不可能，也不是说只能放弃，但您至少要花10倍以上的精力。

我给大家讲一个故事，这个故事是我和我儿子发生的事儿。前段时间，他总是到吃饭的时候不愿意立刻上餐桌。那天，我上午直播完，就和儿子打球去了，打完球到中午的时候，他就不想吃饭。那么，到了下午两点多，我俩又要去骑马，我们是骑自行车去的马场。这样，我们回来的时候，他就和我说："爸爸，我饿得不行了，我骑不动了。"但我故意说："爸爸相信你能骑得动，咱俩比赛，并且回去以后，我也让家里先不要做饭。"

回家以后没有吃的东西，他就喊饿。我说我不太饿，中午吃多了，晚上不准备吃了，咱今天晚上不做饭了。这个时候，他就急了。他说，不行，他饿得快瘫了。当然，我最后还是让家里做饭了，但我跟他说，你只能吃一碗，不能吃两碗，中午的饭就得中午吃，晚上的饭就得晚上吃。我知道，他中午不吃，晚上吃一碗是吃不饱的。这样，后来再喊他吃饭，他就知道立刻来吃了。

对待孩子的错误，我们要动脑筋、想办法，让孩子在错误当中反思自我。在这个过程中，家长为孩子定原则、立规矩，让孩子充分思考，进一步懂得这个世界是什么样子的，自己与世界的关系是怎样的。为孩子定原则、立规矩这件事，不能太晚，如果您在孩子小时候不管，想等他长大了再定规矩，他就不会听您的了。

三分钟热度要不得

不论是成年人还是小孩子，干不成事儿往往不是因为他不聪明，而是因为他放弃得太早。放弃得太早，所以就会失败，80%失败的原因就是半途而废。对咱们家长来说也是一样的，我一直强调父母要自我成长，结果好多父母想得很好，过不了几天就没影了。我们家长如果情绪很不稳定，三天打鱼两天晒网，孩子就会非常没有安全感，并且亲子关系也会出现一些问题。

孩子需要感受到自己是实实在在地被爱着的，他们也希望家长可以舒缓平和地持续地去帮助他。我记得我们直播间有一个分

第一章

好父母是要学习的，教育孩子要先成长自己

享，当时我听了也很替这位妈妈高兴，我能感受到她是从心里特别满意自己的孩子。她和我说，学校老师每次见到她，都会夸她家孩子。我就问她是怎么做的。她说："我平时就和孩子说，先不管你学成什么样，你得先把人做好，这是我要求孩子的。你得先把人做好，你才能做好别的事情。比如说，孝顺父母这件事情，我们做，让他去看。孩子在无形当中就会养成这种习惯。每次我们回奶奶家，他都会说给奶奶带点什么东西，从他小时候起我就会不管是多少钱，都让他去超市挑选，然后带回奶奶家去。还有，我跟他说，跟同学相处的时候，你得学会包容，大家相互体谅。在学校，听老师的话，你做得好，老师肯定能看得出来。"

您看，这位妈妈做的，都是给孩子一个大的方向，并不在具体的事情上要求孩子，并且舒缓平和且持续。她说："孩子从小学一直都是班长，然后到了初中又是班长，但是初中这次期中考试考得不是那么太好，班级100人左右，他考了30多名，他就自己给我打电话说，妈妈，这次我没考好，我要努力，我要进前15名。我说，好儿子，不管你考多少名，这个就是你努力的结果。你自己有目标有方向就行，你一定行。"在给孩子定目标上，这位妈妈也有一些小窍门，她说："每天我都会写个小纸条放在他床头，他12天才回来一次，每一次回来，他就会把这批纸条看完一遍收起来，放在他书包里带走。"

家长的情绪稳定，对孩子来说是至关重要的。这也是为什么很多学者都建议大家不要太早要孩子。当然，这个"早"不是绝对的，这个"早"背后的意思是，没人能在自己心智还不成熟的

时候养育好孩子。当您成为父母那天,您就要意识到,您是一个,也必须是一个情绪稳定的成年人了。

　　当然,这也不是说,就要给孩子无限的自由,这会导致孩子很任性,父母成了伺候孩子的仆人。不能因为孩子小,就享受所有的自由和权利,而家长因为是成年人,就承担所有的责任和义务,这又成了某种新的不平等。父母这样做的话,孩子会缺乏责任心,并且会觉得生活没有限制,没有任何约束,没有惩罚,反正一切有父母兜底,甚至可能产生可怕的后果。这样的话,也会让孩子觉得混乱和不适。

　　我们是要帮助我们的孩子,但不是凡事给予指点,而是帮助孩子发展出健全的人格和处理问题的能力,我们不能逼他做什么,不能强迫孩子绝对顺从,而应基于有限度的自由,用激发和鼓励的方式,让孩子更好地成长。

- 人生有三件事不能等:孝顺父母不能等、教育孩子不能等、成长自己不能等。
- 父母不成长,是孩子人生最大的灾难。

第一章
好父母是要学习的，教育孩子要先成长自己

终身职业：
把为人父母看作是终身的职业

作为父母，我们与孩子有着二三十岁的差距，可能对于很多新鲜事物接受得比较慢，但是接纳孩子、支持孩子是很重要的，尤其是接纳孩子的个性，因为这是"他之所以是他"的基础。不要试图让孩子长成您想要的模样，那将会造成您并不乐见的后果。

因此，我们要把为人父母当作终身的职业来看待。在这份职业生涯中，始终关心什么样的教育方法更加卓有成效，并主动学习这些理念和方法。家长只有通过不断学习、不断进步，才能更好地接纳那个独一无二的孩子。

不要试图让孩子长成您想要的模样

每个孩子都是一个独一无二的个体，都有自己的个性，他的个性可能像自己的父母，也可能不像自己的父母。无论孩子的个性与父母像不像，只要做父母的总是想控制孩子，希望孩子像我

们想象的那样发展,就永远会产生亲子之间的冲突。因为,时代是发展变化的。举个例子来说,假如30年前,日常生活中有男生化妆,大家怎么看他?很多人会说,这个男生妖里妖气的。这当然是偏见,但这种偏见广泛地存在于我们成长的年代。

那么,今天呢?越精致的男性越懂得护肤,越注意修饰外表。不仅银幕上的男演员会化妆,在日常生活中,很多男性出入正式场合,也都会化妆。在这样的社会环境下长大的孩子,不会觉得男生护肤、化妆有什么问题。我们作为家长,要懂得跟上时代,否则,会被孩子当成老古董。仔细想想,自己的道理确实也站不住脚。

去年,就有个妈妈找到我,说他儿子说喜欢化妆,甚至未来想干化妆师这个职业。她表示接受不了:一个男孩子学这些干啥,这哪是正经人干的事。我告诉这位妈妈,这很有用。在今天这个社会上,一个人能够找到一个自己喜欢的、适合自己的行业,并且这个行业对社会是有积极推动作用的,同时,自己能够沉浸在这个行业当中,能够靠这个职业养活自己,这是一件非常不容易的事情。这个男孩子很幸运,他找到了。

每个孩子都是独一无二的,每个孩子都有自己独特的生命开关。我们一定要改变自己的思维,要知道,这个世界上唯一不变的就是变化。不要因为您的墨守成规、思想僵化,阻挡了孩子的脚步。如果因为父母的阻挠,孩子到了20岁、30岁还没有找到属于自己的生命开关,将是一件很遗憾的事。

第一章

好父母是要学习的，教育孩子要先成长自己

把做父母看作是终生的职业

社会当中的职业很多，一个人的职业是法官，如果不会断案，我们会认为他不务正业；您去一个餐厅，厨师把一道菜炒得非常难吃，您会给他一个评价，说这个厨师厨艺不行；服务员给您端个什么，手指头不小心碰到了碗里面，您会说这个服务员服务不好；您去市场买东西，10元的东西卖给您500元，您觉得被骗了，您会说这个商家没有职业道德。那么，做父母呢？

为人父母应该是人一生当中时间最长的职业。自从有了孩子，到自己离开这个世界，这一辈子都在从事父母这个职业。那您就要看看了，自己称职吗？有人说，我觉得我没问题，孩子就是不行。不知道大家有没有接触过职业销售员，他们中做得好的非常辛苦。不管客户对他们什么样，他们总是给贴一个笑脸，为了说服客户，总是在一次不行两次，两次不行三次，三次不行四次，就是为了出单。我们家长当中也不乏做这类职业的，在工作中非常有耐心，但是在孩子身上却没有耐心。

因为没有耐心，就不重视细节，忽略孩子的很多感受和特点。在工作中，我们都知道细节决定成败，到了孩子这里却不知道了。我每次在提醒自己千万别忽略细节的时候，都会想起国王与马掌钉的故事。在这里，我也分享给您。

故事讲的是一位国王正在面临一场关乎国家存亡的战争，他想骑着他最喜欢的战马，赢得这场战争。于是，他让他的马夫去

觉醒的父母
理念篇

找铁匠给战马钉掌。但是,铁匠这几天刚给全军的马钉了掌,所以他的马掌钉不够。但是,马夫对铁匠说,国王急着出征,你得快点。铁匠埋头干活,钉到第四个马掌钉时,再也找不到现成的马掌钉了。然而,敌人正在到来,国王急于出征,号角已经吹响。

这时,马夫问:"你能不能凑合挂上?"铁匠说:"应该能,但不可能像其他几个那么结实,我没把握。"马夫说:"好吧,就这样挂上,再不快点,国王会怪罪到我们头上的。"于是,国王骑上他的战马出发了。两军交锋之时,国王的马一个马掌掉了,战马跌翻在地,国王也被抛在地上,国王没有抓住缰绳,惊恐的战马就跳起来逃走了。士兵们以为国王中箭了,人心惶惶,纷纷撤退。敌人的军队随即包围上来,国王无力地哀叹道:"因为一匹马,我的国家就倾覆了。"您看,输掉一场战役,丢掉一个国家,都是因为少了一个马掌钉。

这个著名的故事来自真实的历史事件,这位国王就是英国国王查理三世。这场战役的失败,导致查理三世失去了整个英国。您看,细节的重要性不言而喻。一些明智的人总是能够注意细节,从此使自己的命运彻底改变;而一些愚蠢的人总是会丢掉细节,让某个细节导致整个局面的失败。后来,莎士比亚也曾感叹这场战役道:"马,马,一马失社稷!"

对于教育孩子这件事来说,也是这样——耐心和细节非常重要。今天的孩子难道不聪明吗?很聪明。今天的孩子接受东西慢吗?一点儿都不慢。但有时候,就是家长的自律不够,操之过急,把本来一个很优秀的娃娃,弄得好像是什么都不懂,什么都不明

好父母是要学习的，教育孩子要先成长自己

白，其实是家长的无理取闹，把孩子给弄坏了。

我特别认同一句话，教育孩子的实质是教育我们自己，自我教育是父母影响孩子最有利的方法。您学了再多的教育技巧，却没有耐心、不重视细节，那您的一切努力都是没用的。我一直在说，家长先不要管孩子，您先管您自己。您自己每天是不是很自律？您每天做的事是不是很正能量？您在您的工作岗位上是不是全力以赴？您是不是能给孩子起到榜样的作用？您是不是能给社会创造很多价值？您先看看您自己做得怎么样。您做的事情，孩子都会看在眼里，并落实在自己的行动当中。

我今天讲这些，不是要家长苛责自己。而是请您反思一下，尤其是爸爸们，有没有为了工作，放弃了陪伴孩子？甚至，因为孩子烦、孩子闹腾，您下意识就想躲出去，所以总在做那些无谓的应酬？您不花时间陪伴他，是不是却在孩子犯了小小的错误后就破口大骂？那么，您在做父母这个职业上，称职吗？

峰哥语录

- 家庭教育的核心是教育自己。
- 父母的爱是深深的理解和接纳。

面对现实：
学会面对现实，也是父母的功课

不敢面对现实，是人类的通病，并不只在我们教育孩子时出现。您想想看，您是不是也经常在临睡前把一切想得好好的，认为自己第二天就会做出改变了，但第二天早晨依然重复着过去的生活？所以，我才说，学会面对现实、积极成长也是父母的功课。

作为父母，我们要对自己有要求，放下恐惧，努力做一个强大的家长。改变您的固有思维，从此时此刻开始，相信孩子一定会变得更好。因为，您的消极情绪也会影响孩子，而当您对孩子有足够的信心的时候，您不要担心孩子成不了才。

直面自己的逃避

我接触过一些朋友，甚至常常不敢面对真实的生活，不敢承认事实本身就是如此。没关系，先告诉自己这些都很正常，我们每个人内心都有恐惧。恐惧是什么，恐惧就是怕。我的直播间里，

第一章

好父母是要学习的，教育孩子要先成长自己

总能听到家长说，我怕我家娃娃怎么样，我怕我老公怎么样，我怕这样做会怎么样，等等。但是，如果停留在这里就有问题了，因为，接下来就是找借口。

有的家长说，自己文化水平不高，所以读书不做笔记，这是不是借口？成功与借口是不会同时存在的，您要想成功就不要找借口。我们养育孩子也是一样的，如果想把孩子培养成才，让他能够拥有幸福的人生，就不能为自己找借口。很多事情，您自己不能接受，就去找借口、去逃避，这是不行的。逃避是好生活的天敌。

您说您怕孩子考不上高中，怕孩子上不了大学，怕孩子将来吃苦。您为什么怕，为什么找借口，原因是不自信，是没做好准备，是没有经历过训练，是您太在乎别人的看法，是不是？您感到心里没底。想要心里有底，就要做出改变，学历低咱们不怕，但您不能破罐子破摔，不能不学习，不能天天找借口，不能天天唠叨、吵架，不能把自己的梦想寄托在孩子身上。

我们总是很容易看到别人的成功，却不容易看到别人的付出。舞台上那些身怀绝技的演员，您看得胆战心惊，给他们叫好，感到他们很厉害，但是他们在背后付出的辛苦是常人难以想象的。那些登上领奖台的奥运冠军，挑战人类极限，但他们在背后忍受了太多的孤独，忍受了太多的疼痛，甚至忍受了很多崩溃的时刻。因此，任何成功都需要我们面对现实、不去找借口、让自己变得强大之后，才有可能取得成就。

家长的消极情绪也会影响孩子

进一步说,您破罐子破摔,可能导致孩子也破罐子破摔。孩子才刚刚上三四年级,成绩不太优异,您心想就这样吧,无所谓了。严重点说,破罐子破摔的父母是会让孩子失去整个人生的,父母千万不要放弃孩子。作为父母,我们应该在孩子的成长过程中给他更多的信心、耐心、陪伴,您的坚持是他成长的动力和靠山。您不要动不动就和孩子说,你也就那样了。有的时候,父母的语言是很毒辣的,您会伤到孩子,并且影响他以后很长一段时间的人生。

因此,父母不能拒绝成长,拒绝改变。为什么很多人都拒绝改变?因为改变是很痛苦的。有的父母虽然岁数不小了,但是心性还像个孩子。一个人长大不等于成长,岁数大也不等于成熟。有的人年龄长了,但心智没成长;有的人身体长高了,但心灵没有同步成长。什么是真正的成长?真正的成长是思想的改变,有了领悟甚至重新建构了自己的思维。我们要积极地去打破固定的思维习惯,积极地成长。

我想,改变的第一步,就是不要怕。父母的恐惧越多,您对孩子的要求就会越多。您说孩子今天不写作业,您怕他期末考试考不好,怕老师批评孩子、批评您,怕孩子被同学看不起,怕自己被其他爸爸妈妈看不起。于是您要求他白天黑夜地学习,把所有的兴趣爱好都丢掉。您怕他摔倒,被其他孩子超过去,您怕他

第一章
好父母是要学习的，教育孩子要先成长自己

输在起跑线上。于是您不让他单独行走，您扶着他走，您不给他机会去体验人生。

孩子未来的人生，要自己面对。面对生活，他需要智慧，但智慧是孩子通过生活体验感悟出来的。您这么扶着，教不会孩子生活的智慧。往小的方面说，您怕孩子不能一个人睡觉，孩子都十一二岁了，您还让他继续跟您睡在一起。您怕孩子营养不良，就使劲往孩子嘴里塞东西，最后孩子才15岁就260斤。所以，我说您要先把恐惧放下。您与其天天怕，还不如好好地学习教育孩子的方法，和孩子一起成长，是不是？

峰哥语录

- 学会接受，所有的接受都会给你带来力量，所有的逃避都会让你陷入陷阱。
- 积极的心态像太阳，照在哪里哪里亮；消极的心态像月亮，初一十五不一样。

家长职责：
成为孩子的合作者，不宠不娇不溺爱

美国儿童心理学家、精神病医生和教育家、现代实践派儿童心理学奠基人鲁道夫·德雷克斯是我非常喜欢的教育家。他开创性地将阿德勒的精神分析法和个体心理学发展成为一系列实践方法，直接影响了我们所熟悉的"正面管教""父母PET效能"等教育方法的提出。在鲁道夫·德雷克斯最知名的著作之一《孩子：挑战》中，他开宗明义地指出，父母要成为孩子的合作者。我也一直在努力把这个观点与家长朋友们分享。

从我国的独生子女时代开始，孩子们就开始出现新问题。现在，这一代人做了父母，关于教育的问题，不论在数量上还是程度上，都比过去要严重得多。我们知道，不能用传统方法对待现在的孩子，那么，我们要用什么方法呢？鲁道夫·德雷克斯说："我们既不建议家长纵容孩子，也不建议家长严惩孩子，我们建议家长学习如何成为孩子的合作者，有方法了解他们，有能力引导他们，这样孩子们就既不会没人管变成'野孩子'，也不会感到家里压抑、令人窒息。"

第一章
好父母是要学习的，教育孩子要先成长自己

关于如何成为孩子的合作者，我认为有两点非常重要：第一，要成为孩子的合作者，父母的格局要开阔；第二，成为孩子的合作者，并不是对孩子溺爱。

要成为孩子的合作者，父母的格局要开阔

要成为孩子的合作者，您要有能力引导他们。在没有目标、没有思路的养育过程中，孩子只能凭运气成长。说得直白一点，您的格局小，眼界低，就要懂得多学习，多吸收信息。不要自己把孩子领错了，最后孩子的人生方向都走错了，轻则浪费时间、限制孩子发展，重则耽误孩子一辈子。

我记得，有个家长跟我说孩子在上职业高中，孩子快毕业的时候要出去实习。学校安排孩子去江苏或者去黑龙江，结果家长说内蒙古距离黑龙江太远了，距离江苏也太远了。后来，其他同学都去了，他家孩子没去，就在家玩手机。家长问我怎么办，我说："为什么不让去？"家长说："太远了，工作环境太恶劣了。"这就是因为家长的坐井观天，把孩子的人生都荒废了。孩子的教育等不起，每一天都是黄金期。

所以，家长也要树立高目标并保持动力。为什么家长也要早起？因为您作为家长，要成为孩子的榜样，要让孩子看到家长的努力。您努力变成一个更优秀的人，让孩子看到他也会跟着每天学习成长。这说起来容易做起来难。我们家长很多都到了中年，惰性很强，不愿意走出舒适区。很多家长在年初的时候立下志向：

明年我要多陪孩子、我要多赚点钱,然后,明年复明年。

我举个例子。您在一个城市里待久了,哪怕觉得有这样那样的问题,但如果让您换个城市去生活,您更加不舒服、不自在,是不是?哪怕是让您换个工作,您也会觉得很难。这就是成年人世界不好改变的地方。其实,有些家长的孩子已经足够优秀了,您让他再努力其实也很难有突破了,为什么?因为他的同辈都不如他。

我认为,教育资源固然重要,但是同辈竞争的氛围对孩子来说更加重要。他在县城里面,或者他在小城市里面,没人和他竞争,他觉得可以了。但是,您一旦带着孩子进入更好的环境,身边的小伙伴更强的环境,他还能被激发出潜力。有的时候,是我们大人不愿意动。当然,这是每个家庭的个人选择。但是,在有可能的条件下,家长增加自己的见识,对孩子是非常重要的。有的家长永远不反思自己,这是不行的。要让孩子变好,首先家长要有突破。总之,积极的养育要求自己成为孩子的合作者。只有家长拥有更开阔的格局,才能有能力引导孩子。

成为孩子的合作者,并不是对孩子溺爱

所有的伟大成就都不是轻松获得的,都必须要认真付出。教育孩子不是吊儿郎当能行的,教育孩子是一个非常严谨的事情。昨天,正好发生了两件事儿,引起了我的反思。昨天下午,我们家老二上幼儿园,因为刚开学,幼儿园说要调整,先上半天,他

第一章
好父母是要学习的，教育孩子要先成长自己

被分配到下午班。昨天，我们中午吃完饭差不多就12点半了，他13:35就得去幼儿园。我们呢，13:35叫醒他，他肯定没睡够，他就很痛苦。他起来以后，就开始哭，说自己不想上幼儿园，让我给他请假。他说自己想睡觉，不想去幼儿园，为此哭得不行。

这是一个孩子真实的反应。我们得认真地对待这件事。我说，从今天开始，晚上必须9点半之前睡，到了中午也必须睡，一定要让孩子睡够。一个孩子如果睡不醒，他只能对幼儿园厌倦。他平时上幼儿园是不哭的，只有这一天哭了，就是因为没睡醒。所以，昨天晚上我告诉他，9点半之前必须熄灯，没有理由，这是规矩。教育孩子一定要认真，您不能把孩子的成长当儿戏，要把孩子的每一次成长都在心里做反思。

他如果今天因为没睡醒而不想去幼儿园，那明天就要睡醒。不要说一个孩子，就是一个成年人没睡醒，您也不愿意干事儿，对不对？所以，我们提倡幼儿要早睡早起，要至少睡够10个小时。孩子能够认真做好每件事儿，就会变得不一样。所以，家长对教育的全身心投入，是很重要的。咱们要有信心做一个好父母，因为做父母是一辈子的事儿。

成为孩子的合作者，并不是对孩子溺爱，试图保护他们一辈子。孩子没睡醒，很多家长就直接给幼儿园请假了。但是，这会让孩子有什么错觉呢？就是生活永远会按照自己的意愿进行，他们会因为生活任何的不如意而发怒。我们人到中年，都明白了一个道理，生活不可能按照自己的意愿进行，但是，如果我们一味纵容，就会让孩子有这样的错觉。当他们长大了，会认为生活令

觉醒的父母
理念篇

人愤怒，而自己却无力解决。

您将孩子保护得太好，您也会非常累的。这种类型的父母一定是不希望孩子受任何的苦，实际上，您也知道这不可能，对不对？真正爱孩子的父母都知道要学会放手，真正的爱是放手让孩子去经历、去体验生活当中的苦与乐。有智慧的家长都明白，哪怕前边真的是个坑，孩子也要摔了才能明白。更何况，您怎么知道，孩子在经过这个坑时，不会绕着走呢？或者，孩子不会把这个坑填平呢？他不一定摔倒，对不对？您总是怎么都不放心，孩子都十几岁了，想干点什么事您都不让他去干，您说他怎么可能成才？

习惯了对孩子过度保护的父母，要学会停止焦虑。过犹不及，您越想让孩子成才，孩子越糟糕，是不是？当然，我们是家长，但也不是万能的。但是，我们要努力提升自己。那么，我们做父母的要做什么呢？我想，您至少要多读儿童及青少年发展的书，还要细心地观察孩子。只有您学习和认识了孩子发展的规律，才能有的放矢地去实践。如果您只是一味地去找现成的方法，那就只是在生搬硬套，效果上就要打一些折扣。这就是我要说的，只有父母扩大自己的格局，才能引导孩子用更好的方法和态度面对生活。

同时，家长要谨记，永远不要溺爱孩子。溺爱不一定是爱，管教反而可能是一种爱的语言。既不能打骂也不能溺爱，是我一贯坚持的养育原则。打骂是最最要不得的，这会对亲子关系造成极大的伤害。但是，溺爱也要不得，这会让孩子失去基本的感恩

第一章
好父母是要学习的，教育孩子要先成长自己

之心。家长有原则地、心平气和地管教，孩子也能感受到爱。如此，我们就能与孩子一起，在成长的道路上不断进步。

峰哥语录

- 有格局的父母，孩子有远见；没格局的父母，孩子鼠目寸光。
- 孩子所有无知、错误的行为，都是因为父母给孩子的溺爱太多。

父亲参与：
父亲不缺位，教育不是母亲一个人的事

现在家庭当中父亲缺位的问题越来越严重。比如，来我直播间的家长，明显还是妈妈多。我一般都是早晨直播，那个时间段，大多数爸爸还在睡觉。但我很希望对爸爸们说，一个爸爸在家庭教育当中的角色特别重要，尤其是爸爸与孩子的沟通非常重要。

人们常说，人老了就像个小孩儿一样。我直播间里，有位70多岁的家长，和我说现在真是最怕孤独。各位父亲一定不想在老去的时候，独自品尝孤独。那么，您就要想到，人到老最怕孤独，孩子小也怕孤独。现在多陪陪孩子，多和孩子沟通沟通，对孩子的成长是非常有好处的。

当然，我不是说单亲家庭就一定会对孩子有影响。我接触过很多单亲家庭的家长和孩子都很好。但是，父亲作为家庭中的重要成员，却始终在教育孩子的过程中缺位，这是非常严重的问题。

第一章

好父母是要学习的，教育孩子要先成长自己

只知道睡觉、打游戏的父亲

一个父亲如果回家就知道睡觉、打游戏，孩子就会觉得这样的父亲可有可无，甚至有样学样。有的父亲更加夸张，平时从来不参与教育，每次考试完了，给孩子一顿暴打，那请您一定改一改。我记得有一个爸爸跟我说："王老师，我家孩子成绩不好。"我说："成绩不好啊，你家孩子在哪个班呢？"结果，这位爸爸说："王老师，他在哪个班我还真不知道。"这位爸爸，孩子在哪个班都不知道，并且说从小学到初中，一直不知道孩子在哪个班，并且觉得不知道也是理所当然的。

现在的父亲很多都是抽风型的父亲，为什么这样说？因为爸爸平时工作忙，没时间照顾孩子。爸爸今天认为自己已经很努力了，不需要学习了，我给这个家赚钱就够了。但是，每当自己看到孩子成绩不好的时候，总想说几句，对吧？总觉得孩子不够优秀，总觉得孩子丢自己面子了，总觉得孩子哪有问题，是吧？这个事儿怎么办？我认为，需要我们每个人改变思想。

我相信，每个孩子的天性都是好的。但是，家长怎样才能把孩子培养好呢？我从不相信那些鼓吹对孩子放任不管，孩子也能有出息的说法。有些家长从小见不得孩子哭闹，只要孩子在地上打滚就拿他没辙，要什么给买什么，或者孩子一摔东西就让他玩手机，一哭起来没完没了就让他想干吗干吗，这肯定是不行的。好孩子是引导出来的，是教育出来的。

当然，好孩子也不是打出来的，不是骂出来的，不是简单粗暴地对待出来的。父亲也要和善点儿，把自己的脾气控制着点儿。礼貌温和是可贵的品质，爸爸妈妈都应该朝这个方向努力。您的情绪稳定，为人温和，孩子也会努力成为这样的人，努力去学习、成长。

忙于赚钱的父亲

我特别想对那些忙于赚钱的父亲说，父母传给孩子多少财富都不管用，重要的是把做人的品德传给他。老话说得好，上梁不正下梁歪。一个孩子有没有大出息，我认为不重要，重要的是有没有良心。在成人的世界中，堕落是很容易的。我们常说，一失足成千古恨。我们做父母的，就是从小让孩子有一个健全的"三观"，未来无论遇到什么，都不会有那个"一失足"的可能。我们父母教给孩子学习的能力，希望孩子未来可以有谋生的能力，但不能教给孩子什么呢？不能让他觉得为了赚钱就可以不爱惜家庭，为了赚钱就可以不教育孩子，甚至为了赚钱就可以不择手段。

不要教会孩子险恶，不要教会孩子玩心眼。一个善良的孩子表面上会吃亏，实质上是会拥有更幸福的人生的。哪怕是从赚钱的方面看，一个人赚小钱靠手，赚大钱则靠德。如果您教会了孩子玩心眼，教会了孩子耍小聪明，孩子未来是要吃亏的。让孩子学会善良，学会真诚地对待别人，他的未来也会更加平坦。

我们给孩子留下多少财产不是那么重要，留下的德行才是孩

第一章
好父母是要学习的，教育孩子要先成长自己

子人生最宝贵的财富，谁都抢不了。您留下的房子有可能贬值，留下的钱有可能让他浪费掉，但是您给他留下善良和美好的德行，他永远都丢不掉。

另外，忙于赚钱的父亲，还要注意——您对孩子的态度，就是孩子将来对您的态度。我看过一个段子是这样说的：孩子小的时候，爸爸送孩子上幼儿园。每次送到幼儿园时，孩子都对爸爸说："爸爸，你要把我送到幼儿园门口。"爸爸呢？每次都说："快点吧，赶快进去。爸爸要上班去了，要开会了。"孩子上了中学，爸爸更忙了。孩子给爸爸打电话，说："爸爸，回来吃饭吧。"爸爸说："我开会呢，忙着呢，不回去吃了。"后来，爸爸老了，儿子上班了。这个时候，爸爸特别希望儿子回来吃一顿饭，就给儿子打电话，说："爸爸把饭做好了，你回来吃吧。"儿子说："我忙着呢，加班呢。"

您见没见过这样的事儿？这是很常见的情况吧。说白了，今天您怎么对孩子，孩子将来就怎么对您。今天您对他有耐心，将来他就会对您有耐心。做父母的都会老，都会再次变得像孩子一样。所以，您今天的一言一行都在教会孩子将来如何对待您。

峰哥语录

- 好父亲才是这个时代的稀缺品。
- 家庭教育离不开父亲，父亲的缺失会让孩子出现问题。

第二章
好父母是懂孩子的，懂孩子才能爱孩子、教孩子

自我省视：
不耐烦、不关心、不认错，您是"三不"父母吗？

现在，越来越多的家长觉得跟孩子说话是一件很困难的事。有时候，孩子是一只耳朵进，一只耳朵出；家长即使语重心长地说，孩子也不重视；甚至家长还没开口，孩子就已经烦了……如果是这样，就完全谈不上理解孩子了。每次有家长问我这个问题，我都会让家长想想，您是不是"三不"父母？什么是"三不"父母？这是我总结的，就是对孩子不耐烦、不关心、不认错的父母。据我的观察，这样的父母还真不少。

不耐烦的父母

第一，就是不耐烦。孩子问您问题，您总是没时间好好解答，总是在干自己的事儿。您觉得小孩子烦死了，天天那么多问题。您可能不知道，您正在错过开发孩子智力、培育孩子对生活的好奇心的最重要的阶段。有的家长呢，孩子小时候还有点耐心，毕

第 章

好父母是懂孩子的，懂孩子才能爱孩子、教孩子

竟那时候孩子小小的很可爱。等到了孩子"7岁8岁惹人嫌"的时候，就一点耐心都没有了，孩子可能天马行空地问问题，您觉得他不务正业，让他赶紧写作业去。在这个阶段，爸爸妈妈往往极其不耐烦，您可能不知道，您这样的表现让孩子失望了。其实，越是孩子惹人嫌的时候，越是需要父母的耐心。有耐心的父母才可以培养出有能耐的孩子，而今天我们的耐心恰恰不再给孩子了。很多父母认为，给孩子在物质方面的补偿就可以了。您花时间去陪客户，哪怕客户再难缠，您也有耐心为他解释。但是，我们对孩子却缺乏基本的耐心。

有的父母管孩子学习，真的是一点耐心都没有。孩子一回家就让孩子使劲学，只要孩子稍微动一动，就说孩子太调皮了，认为孩子不听话。这代表什么？这代表父母没有耐心帮助孩子在玩中学，在学中玩；也没有耐心帮孩子制订一个劳逸结合的计划。

孩子都是要玩的，游戏是童年时代不可或缺的一部分。孩子在该玩的时候必须玩够了，小时候总没的玩，长大了内心永远有缺憾。如果情况比较严重的话，长大之后可能会成为一个游手好闲、不务正业的人。因为小时候想玩时家长束缚他，等长大后没人束缚他了，他就要使劲玩。因此，我们对待孩子一定要有耐心，慢慢来，摸索出符合孩子身心发展规律的教育方法，与孩子一起树立正确的游戏观，为孩子未来的发展奠定基础。在未来的某一时刻，这些关于"玩"的记忆，也会反哺孩子。因此，与孩子一起玩，同样是帮孩子健康成长的重要手段，这个功课家长要从孩

觉醒的父母
理念篇

子一出生就开始做。

不关心的父母

第二,是不关心。我说的不关心,并不是说您不爱孩子,而是不知道如何关心孩子。您的爱往往表现为控制,让孩子很难受。您回忆一下,您是不是想让孩子按照您的意愿去生活?如果孩子没有和您的意愿一致,您就觉得孩子不听话,甚至您非得让他按您说的做,是吗?我想,我们每个做家长的人,都应该明白一个道理。鞋子穿上合不合适,只有本人最清楚,孩子也不例外。因此,我说的不关心,往往是您关心过度了,关心错了。孩子本来只能吃一碗饭,而您总觉得一碗太少了,就让他吃两碗,结果孩子在吃第二碗的时候,就烦得不行。这种时候,孩子感受到的是,您不关心他,您忽略他的感受。

我曾看到过一个报道,说有个孩子高三了,是个住校生,成绩还不错,一个月回一次家。每次回家以后,孩子妈妈都给孩子做特别多好吃的东西,让孩子吃了一碗又一碗,孩子吃不下了,还让孩子吃。妈妈觉得孩子都要高考了,身体肯定需要补充营养。有一次,孩子实在吃不进去了,就趁妈妈出去干什么的工夫,起身背着书包走了。妈妈回来就看到孩子剩下的饭,非常生气。妈妈认为孩子不理解自己的一片苦心,就知道浪费,所以,就去把孩子追回来,要求孩子必须把这碗饭吃完。高三的孩子因为一碗饭,痛苦得不行自杀了。我当时看完这个消息,简直无法想象什么样的家长才能把孩子逼到如此地步。

不认错的父母

第三，是不认错。有人认为，父母在孩子面前要有威严，不能给孩子认错。在我看来，这种观念不仅是过时的，而且是有害的。您和孩子是平等的，您只是生了孩子，不代表就高孩子一等。父母如果做错了就一定要认错，绝不能无理取闹。当您觉得自己已经离谱的时候，真诚地跟孩子说一句，这是我的问题。每个人都要明白，认个错不丢人，如果硬扛着不认错，甚至和孩子打冷战，这才是教坏了孩子。

有的当爸爸的不仅不和孩子认错，也不和媳妇认错。我很理解，今天的成年人生活压力大。尤其到了30多岁，上有老下有小，确实不容易。于是，心情有点不好的时候，就在孩子面前跟媳妇拌嘴，以致互相贬低，甚至动手，是不是？我之前接触过一个来寻求帮助的家长，说她家孩子自己在卧室里面待了好几个月，头发很长了也不出来。我跟孩子沟通的时候，孩子说他睡不着觉，说一旦闭上眼睛，面前就有一摊血。后来，我建议妈妈带孩子去看看心理医生。

我再次询问情况的时候，妈妈哭着说，这事都怪孩子他爸。大概的原因就是，爸爸和妈妈吵架，一不小心把妈妈脑袋上砸开个口子。当时，血就溅到卧室墙上了。我就想，这是多么不小心？如果一个人还不能控制自己的脾气，还没有摆脱粗暴和野蛮，就

不应该考虑要孩子。您和媳妇吵架，可能确实是失手，媳妇也能原谅您，但孩子还小，孩子会为此留下心理阴影。这摊血就一直在卧室墙上，他们也没有擦掉，每天孩子睡觉的时候就盯着墙上那摊血，就想起爸妈打架那个样子，渐渐地就睡不着觉了。

因此，别做"三不"父母，是与孩子好好沟通的基本前提，也是理解孩子的前提。这件事情的底层逻辑是，您要平等地对待孩子，把孩子当作一个独立的个体。

 峰哥语录

- 有耐心的父母才能培养出有出息的孩子。
- 父母和善、无条件的爱是教育孩子最好的方法。

好父母是懂孩子的，懂孩子才能爱孩子、教孩子

交流难题：
"我是为孩子好！"您真的理解自己的孩子吗？

语言是很神奇的，人与人之间的对话更是一门精深的艺术。虽然，我们在彼此倾听，但是，我们或许并没有真的理解对方，不明白对方的话里到底包含着什么需要解读的密码。父母在与孩子沟通时就更是如此，孩子的很多话都不是随口说说的，需要父母好好理解。

要做到"理解孩子"，的确非常困难。不过，只要懂得了为什么"理解孩子"如此困难，就相当于习得了"理解孩子"的心法，再琢磨"怎么做"便会水到渠成。今天，我们就来聊聊，为什么"理解孩子"这么困难。

人与人之间的沟通

我给大家讲一个真实的故事。有一对老夫妇非常恩爱，老爷爷知道老奶奶喜欢吃鱼头，就经常弄鱼回来，做好了就直接把鱼头夹在奶奶碗里。奶奶呢，觉得爷爷也喜欢吃鱼头，就把鱼头又

夹在爷爷的碗里，这个老爷爷呢，就把鱼头吃了。每次吃鱼的时候总是这样的，老爷爷每次吃完鱼头就饱了，剩下个鱼尾巴，老奶奶怕浪费掉，每次就吃鱼尾巴。

后来，老爷爷年龄很大了，躺在病床上，生命快要结束的时候，跟老奶奶说：我喜欢吃鱼，尤其爱吃鱼尾巴，喜欢了一辈子，但我吃了一辈子鱼头。那么谁真的爱吃鱼头呢？老奶奶特别爱吃鱼头，然后她把她最喜欢的鱼头夹在老爷爷的碗里面。两个人之间沟通不顺畅，最后导致了一辈子的误解。

我讲这个故事，是想和大家说，您喜欢的不一定是别人喜欢的。夫妻尚且如此，亲子关系的沟通就更加困难了。"父母说，孩子不听"已经成为很多家长的难题。我们作为家长，应该积极学习与孩子沟通的技巧。不理解孩子，事无巨细地嘱咐并反复强调，会让孩子心生厌烦；打击孩子，甚至把自己孩子的缺点和别人家孩子的优点进行比较，会给孩子带来无法弥补的伤害。

家长总说"为了孩子好"，关键的问题是孩子真的觉得"好"吗？我认为，家长永远不能拍着胸脯说，我理解我家孩子。您一旦这么觉得了，大概率是陷入了自我膨胀和自我感动。我们直播间的家长，刚开始来听我课的时候都特别着急。我听家长们急促地说着自己家孩子的问题，心里面总是打一个问号：真的是这样吗？

首先，咱们家长总是想当然地推测孩子的行为动机。我换个说法，就是咱们的眼睛和大脑没有同时在线。更多的时候，总是您以为自己理解孩子，而实际上，您和他的想法背道而驰已经很

好父母是懂孩子的，懂孩子才能爱孩子、教孩子

久了。打个粗糙的比方，您和一个猴子做交换，您给它一根金条，它给您一根香蕉。它喜欢香蕉，它不知道金条是个什么东西。这就是互相理解的难度——人与人之间理解的困难程度，并不亚于人与动物之间。

是的，大家压力都很大，我在直播间和家长连线，经常有家长说一会儿就要哭。真的，我能感受到每一个家长现在心里都充满委屈。家长觉得自己做得特别多，孩子还不理解自己，跟自己对着干。但是，您真的理解孩子吗？有的人给我发消息说："王老师，我已经把您当成我生命当中的一部分了，把咱们的'峰哥说教育'直播间当成了我的家。我每天要不看的话就心里很难受。"其实，就是您觉得我理解了您。您看，您一个大人都这么希望被理解，何况孩子呢？但是，您是成年人了，这么依赖不是一种好现象。您想在我这里学习是可以的，但不要把它当成一种寄托。不过，您可以是孩子的一种寄托。

"理解孩子"到底有多难？

为什么我说父母理解孩子特别难？我举个例子。很多父母认为，小孩子没有强大的承受能力，挫折会让他们的内心无比痛苦，所以父母应该保护好他们，不要让他们受一点伤。真的是这样吗？孩子对世界是充满好奇心的，父母的关心不能说是错的，但是，显然您不理解孩子是多么想去探索这个世界。况且，我们说过，一个不经历挫折的孩子，是没办法提高心理承受能力的。

未来，他还是要自己面对人生道路当上的风风雨雨。所以，您把孩子保护得特别好，既是对孩子的不理解，又是对孩子未来的不负责。

我再举个例子。爸爸妈妈总认为学习是第一位的，但是，我们必须承认，有一部分孩子就是对学习不太感兴趣，至少是不太适应我们主流的教育体系和教育评价标准的。那怎么办？学习这个事儿如果放在第一位，那么这个事情就导致孩子做任何其他的事情都要往后排。所以，您不去积极发现孩子的其他兴趣点，只想让孩子取得优异的成绩。您说您理解孩子，都是为了孩子好，您也鼓励他了，您也和他一起努力了。表面上看来，您的行为没有任何问题。但是，因为您没有弄清楚孩子为什么成绩不好，导致做的都是无用功。孩子对学习兴趣不大，一方面，我们要培养他的学习兴趣；另一方面，也要去挖掘他的其他兴趣。我们教育的最终目的，是让孩子成为他自己。那么，就既要让他找到自己比较喜欢的事情，又要保证他未来有能够安身立命的本领。

最后，您不理解孩子的后果是，孩子心理越来越封闭。父母总是关注学习一个点，而孩子的成长实际上是多个点，当您只关注这一个点的时候，孩子会觉得走投无路。学习成绩当然是重要的，但是，比学习成绩更重要的是这个孩子的内心。如果一个孩子不能得到父母的理解，心理就会不健康，就会没办法跟别人沟通。您想让他学习好，他也许勉强能做到。但是，我多次强调过，被父母逼出来的好成绩不是好成绩，孩子自主自发学出来的成绩才是好成绩。

第 章

好父母是懂孩子的，懂孩子才能爱孩子、教孩子

您看，理解孩子就是这么难。我会和来听我课的家长说，我不能给您解压，您得自己琢磨，自己去解决和孩子之间的问题。当然，在解决的过程中，我们还是有一定方法可循的。不过，您首先要解决思想上的问题，那就是认为孩子什么都不懂。

峰哥语录

- 能理解孩子的父母更容易被孩子接受。
- 父母应该在理解的基础和孩子沟通，而不是在控制的基础上沟通。

转换思维：
从孩子的视角思考问题，就会看到不一样的答案

我们"理解孩子"可以遵循的最重要的方法是：尽量从孩子的视角思考问题。我曾多次提到过，善于共情的家长在教育子女这件事上是有优势的。在"理解孩子"这件事上，尤其需要家长的共情力。什么是家长的共情力？简单一点说，就是为了理解孩子的感受和经历，家长要尽量想象自己处在孩子的位置。

家长如果能站在孩子的角度去思考问题，也就握住了理解孩子的"制胜法宝"。这样教育出来的孩子，不仅和父母的关系非常融洽，更能发挥自己的优势和特长。

从小就有志向的科学家

我平时在直播间会跟大家分享一些很有趣，又有很有韵味的小故事。比如，茅以升的故事，说的是茅以升11岁端午节那天，他的家乡有赛龙舟比赛，前来观看的群众过多，以致压塌桥梁溺

第 章
好父母是懂孩子的，懂孩子才能爱孩子、教孩子

死了很多人。于是，茅以升便萌生出要建造一座坚固的桥梁的想法。

从那以后，茅以升的心好像全部被桥占据了，无论他走到哪里，只要见到桥，就会从上到下、从左到右看个够。平时看书的时候，只要发现有关桥的知识，就赶紧抄在本子上，就连无意当中发现的桥的图画、照片也要像对待珍宝那样收藏起来。亲人和朋友们看他对桥梁这么着迷，都觉得很奇怪，可茅以升的父亲却自豪地告诉大家，你们不了解他，他是个有理想的孩子。

1911年，茅以升考入了唐山路矿学堂，专攻桥梁学。5年后，茅以升在毕业考试当中取得了第一名的好成绩。这一年，清华学堂向全国招收10名公费留学生，他又以第一名的成绩被录取了。他远渡重洋进入美国康奈尔大学学习，学成回国后主持了许多大型桥梁的建造工作，终成一位伟大的桥梁专家。

再如，焦耳的故事。英国著名科学家焦耳从小就很喜欢物理这门学科，他常常自己动手做一些小东西。有一年放假，焦耳和哥哥一起到郊外旅游。这时，天空突然浓云密布、电闪雷鸣，焦耳刚想找个地方躲雨，却发现了一个有趣的现象：每次闪电后，都要过一会儿才能听到轰隆隆的雷声。这是什么原因呢？焦耳顾不得躲雨，拉着哥哥爬上了一个山头，用怀表认真记录每次闪电与雷鸣之间相隔的时间。开学后，焦耳几乎是迫不及待地把自己做的实验告诉了老师，并向老师请教。老师望着焦耳笑了，耐心地为他讲解，光和声的传播速度是不一样的，光速快而声速慢，所以人们总是先看见闪电才听到雷声，而实际上电闪雷鸣是同时

发生的。焦耳听后恍然大悟,从此他对科学知识更加着迷,勤学好问的他通过不断学习和认真观察计算,终于发现了能量守恒定律,成为一名出色的科学家。

像这样的孩子,如果家长不能站在孩子的角度去理解他们,天才是不会发展为天才的,他们会被主流的声音淹没,从而过着平庸的生活。

什么是真正地站在孩子的角度

站在孩子的角度,要避免两个误区:一个是把孩子当作大人,孩子和大人的区别不仅在于年龄和体型上的区别,在情感体验和思维方式上都有很多地方不同;另一个是把孩子只当作"孩子",糊弄他,敷衍他,从自己认为的角度去解读孩子。

父母要真正地站在孩子的角度去体会他的感受,需要静下心来,仔细去体会:一个几个月大的孩子为什么会哭闹不休?一个3岁的娃为什么会害怕骑马?一个刚刚入学的孩子为什么会偏科?这些类似的问题,您都不能高高在上地去考虑,然后粗暴地告诉孩子要怎么做。您一定要耐心地站在孩子的角度,这样做的父母与孩子更容易产生情感联结,那么,孩子就更容易有安全感,就会更信任父母。这样,就进入了良性循环:您越来越理解他,他越来越信任您,然后,他就更愿意和您说出他的感受,您就更容易去理解他。随着孩子年龄的增长,您会感到越来越轻松。

第 章

好父母是懂孩子的，懂孩子才能爱孩子、教孩子

有一段时间，很流行一种说法：父母应该让孩子哭一会儿再给他回应，否则孩子会变得更爱哭。这就是典型的站在大人的角度看孩子。实际上，大人觉得孩子哭了3分钟，孩子的世界可能已经碎了300回。美国心理学家爱因斯沃斯曾经做过一个经典实验。如果父母在孩子3个月内的啼哭做出恰当且稳定的回应，等孩子到了8个月以后，会比那些父母反应不稳定的婴儿哭得更少，而且后面的人际沟通方面的发展也更好。这就证明了，您对孩子及时地理解、回应多么重要。您在孩子发出信号的当下就给出回应，孩子就不必使用更加极端的方式来吸引父母的关注。婴儿如此，孩子的整个成长过程都是如此。

我们还拿考试这件事来说，孩子考不好，自然会沮丧。这个时候，家长要询问原因，并表示理解。如果孩子说是因为马虎，您就对孩子说："啊，这真的挺冤的！"如果孩子说是因为不会，您就对孩子说："啊，那正好查漏补缺了，可以去搞明白了。"如果您脱口而出："这个点是不是复习过？怎么又错了？没学明白怎么不在考试前弄明白？"孩子就会越来越抗拒和您沟通，或者用更加极端的方式来表达自己的委屈。

理解孩子，不是定期找孩子谈心，然后自我感动，而是在无数个小事情上尽量站在孩子的角度去思考。当然，除了语言，家长还可以用表情和动作来表达对孩子的理解。当孩子向您诉说自己的烦恼时，您的认真聆听就是最好的理解。当孩子犯错后，忐忑地看向您的时候，您轻松的微笑就是最好的理解。孩子是很敏感的，您是真心地理解他，还是装作理解他，孩子都有感觉。

我举个例子。好多家长给我反映孩子挑食的问题,我认为,这要从两方面看。一方面,如果孩子挑食的程度已经令他膳食不平衡了,咱们家长就要悉心引导。同时,得找专业人士看看是不是有身体方面的原因,导致孩子挑食。另一方面,每个人对饮食的偏好都是不同的。如果孩子只是不爱吃洋葱、芹菜、某种肉、某样调料等,您就要理解他。您是不是也有不爱吃的东西?您可能说您吃什么都行,那是因为咱们这一代人成长的时候物质还是比较匮乏。我换个问法:您是不是有爱吃的东西?如果吃爱吃的东西,您也会高兴吧?所以,这样的挑食,完全没有必要逼孩子。而且,如果您不逼孩子吃,可能有一天,他自己好奇就去尝试了,说不定就喜欢上了。但是,如果每次吃饭都被家长逼着吃一样自己不喜欢的东西,那真的一辈子都不会喜欢这种食物了。

您只有真心地从心里理解孩子,才能做到云淡风轻,您的心态放松了,孩子也会没那么大压力。孩子压力小了,各个方面都会发展得更好。我曾经看到过一句话,非常认同。这句话是,"没有孩子可以被说服,除非他愿意"。那么,如何让孩子"愿意"呢?我想,您真正体会孩子的痛苦与快乐、学会共情,是您可能"说服"孩子的第一步。

"亡羊补牢"也有用

有的家长说了,我脾气就是急,老是忘了孩子还小,觉得应

第　章
好父母是懂孩子的，懂孩子才能爱孩子、教孩子

该自己说一遍他就记住了。其实，哪怕是您自己也不能保证别人说过的事都记得，对不对？这样，就经常会在第一时间忘了要理解孩子，话一出口就后悔了，这可怎么办？那我告诉您两个字：道歉。在理解孩子这件事上，"亡羊补牢"也是有用的。

父母都会犯错，不要要求自己是个完美的家长。您与孩子相处，一定要真诚。您发现自己又乱发脾气了，又数落孩子了，又敷衍孩子了，一定要真诚地给孩子道个歉。您真诚地对孩子，努力理解他，孩子也会真诚地对您，他会理解您不是超人，也会犯错。当我们开始懂得道歉之后，就会慢慢发现，很多时候孩子真的没有问题。比如：偶尔考试马虎一下、个别知识点学不会、做作业有些磨蹭，都是很正常的事情，慢慢调整就好了。您要是总因为这些"问题"沉不住气，整天唠叨孩子、对孩子发脾气，才是得不偿失呢。

"这是我的错"，这是一句我要求家长做笔记的话。这是我的错，先由自己来承担错误。实际上，很多问题都来自您不敢承认错误。人都是这样的，孩子认为这跟自己没啥关系，家长认为这明明是你的错，你还犟嘴。而且，当您开始为自己的行为道歉的时候，孩子也会发生变化。将目光掉转、反思自己是极其优秀的一种行为。夫妻关系也是这样的，夫妻之间出现矛盾，谁先认错，谁的格局大。这是我的错，是一种格局，是一种境界，是一种解决问题的方法，也是您在理解孩子这件事上进行"亡羊补牢"的"万能公式"。

觉醒的父母
理念篇

峰哥语录

- 父母最好的陪伴就是与孩子共情,理解孩子的感受。
- 解决问题最好的方法是先共情再讲理,然后,给出观点建议。

第○章
好父母是懂孩子的，懂孩子才能爱孩子、教孩子

足够专注：
真正用心去听，仔细理解孩子的感受

听孩子说话的时候，家长得专注地看着他们。和孩子沟通的秘诀之一，就是专注，专注，再专注！有时，家长会陷入自我感动式的努力。什么是自我感动式的努力？就是时间花出去了，却没有专心去做。有的家长和我说，他每天都花时间和孩子沟通，沟通得孩子都烦了，也不和他说实话。那您是不是要问问自己：您是真的想和孩子沟通，还是把沟通当成任务在完成？您是不是用心，孩子是能够感受到的。如果您都不能用心去听，何谈理解孩子呢？

专注胜过一切

您是不是也总说您家孩子做什么都不专心，别人听了课能学进去，别人听了课能有进步，而您家孩子却不行。千万别自己也犯了这个傻。孩子看到家长专注地、认真地在做事情，不是吊儿郎当的，自己也会认真起来。所以，无论是您提升自己、学习教

育方法,还是付诸实践与孩子去沟通,都需要足够专注。专注不仅给孩子带来正面的影响,给孩子带来榜样的作用,还会提升您和孩子的沟通效果。

一个人要专注地做一件事情,最后才能有灵感,才能带来您自己都意想不到的收益。虽然大家都说自己重视教育,舍得花钱花时间陪孩子,但是每个家长达成的效果不一样。凡是足够专注的人,都在发生翻天覆地的变化,自己也变了,变得幸福了,孩子也变了,变得不那么对抗了,老婆或者老公也变了,变得能够关心您了,对不对?

但是,如果您心浮气躁地做,好像是在努力了,但实际上心不在焉,您就会开始委屈:怎么我做了这么多,老婆或者老公也不支持我,孩子跟我还越来越对抗了,这是怎么回事?您别自己生闷气,您必须足够专注地改变自我,别总想着尽快改变别人。所以,您每时每刻都要提醒自己专注。

昨天,我给我们团队骨干人员群里发了个消息,我发了三个要点:第一,最近你们汇报工作的方向偏了;第二,大家回归到自己的轨道上走;第三,每个人每天工作汇报的目的不是完成任务,而是要提升自我。咱们家长也是一样的,您想和孩子沟通得更顺畅更有效,您要知道自己每天在干什么,第二天要干什么。您想改变现状、提升现状,就得有个规划,否则您就没法带着孩子一起提升。

我发到群里之后,有一位骨干人员特别用心,就问我说:王老师,我没有看懂是什么意思。我说,一个人只有专注地把本部

第○章
好父母是懂孩子的，懂孩子才能爱孩子、教孩子

门的事情干好，才有可能掌控全局。如果你连你自己本部门的事情都不能规划好，你就无法掌控全局。专注的意义就在这里，您如果连一件小事情都不能处理好，那么大事儿是没办法处理好的。如果您连自己的事情都管不好，您就没法管好孩子。您自己痛苦，别人也痛苦。自己的生活一塌糊涂，教育孩子一塌糊涂，您还要求孩子干好这个、干好那个，这不现实。

专注聆听时要如何做

专注地聆听做到了，那么聆听的时候父母要怎么做才能达到较好的沟通效果呢？这里有这么几点需要注意：

第一，您要有包容开明的心胸，这样孩子才愿意和您说。许多父母其实在态度上是拒绝孩子说出真相的，虽然您嘴上说都可以，其实您害怕听到自己不喜欢的事情。您如果真的想听到孩子的真实想法，您得让孩子信赖您。要想让孩子信赖您，您就不能在平时总是打断他、贬损他。您要认可孩子的一切感受，并感谢孩子告诉您。当然，这不是说您什么都得听孩子的，您的认可只是表示您尊重他。您当然可以在仔细聆听之后，提出您的想法。

第二，不要怀疑孩子的感受。很多家长确实没有养成信任孩子的习惯，从小孩子说他饱了，您还是让他继续吃；孩子说他不冷，您还是让他穿秋裤；孩子说学校里有人欺负他，您说他是不是不想上学。如果是这样，孩子肯定不会和您说出他的感受了。您只有相信孩子说的话，相信他真的饱了，真的不冷，真的在学

校受了欺负,才有可能消除孩子对您的防备,孩子开始觉得您是接受他的,他说出来的感受被您认真对待了。

第三,不要训斥孩子,您的责任是引导,不要对孩子生气,不要对孩子横加指责。比如,孩子总是迟到,您可能对他磨蹭的性格愤怒已久,但即使是这样,您也要就事论事地引导孩子。您不能说:"你怎么总是这么磨蹭,我就没见过你这样的孩子!"您应该说:"你和老师约的时间快到了,你再不出门就要迟到了。"如果您真的很生气,也可以直接告诉孩子:"我很生气,我认为我们应该守时。"但不要去贬低孩子。

第四,夸奖孩子的时候尽量具体。"你真聪明""你真棒"这样的赞扬很空泛,是对孩子特质的评价,孩子不会很明确地知道您在夸他什么。比如,您家儿子每天多学一个小时英语,终于在月考的时候,考进了班级前10名。然后,您夸他:"儿子,你真聪明!"孩子内心是很崩溃的,他可能觉得您没看到他的努力。您要说:"儿子,你做得很好,你每天坚持多学一个小时,英语成绩果然越来越好。"如果您不知道孩子的成绩是如何提高的,您可以问他,孩子会很愿意告诉您。当家长能够注意到孩子的努力,并且表示赞赏时,家长就帮助孩子培养了信心。语言是有激励作用的,家长要学会善用语言的激励作用。

第五,如果一定要拒绝孩子,请用温和的方式。在我们还是孩子的时候,我们不知道什么是自己需要的,什么是自己想要的。孩子如果提出一些过于离谱的需求,您也不要直接就说"不行"。您先肯定孩子的这个愿望,然后坦诚地表示现在还没有能

第 章
好父母是懂孩子的，懂孩子才能爱孩子、教孩子

力达成。这对孩子来说，会好接受一点。其实，拒绝孩子的要求，尤其是物质需求，对现在的父母来说很难受。大部分的父母都希望给孩子最好的生活，希望可以满足孩子的一切要求。所以，当孩子提出的要求您无法满足时，您是很难受的。有时候，您感到难受，表现出来的却是生气，您觉得这孩子怎么这么不懂事，专挑那么贵的东西要。所以，放过您自己，也放过孩子，您只要自然地表达出来就行了。没有哪对父母可以满足孩子的一切要求，您也不必这么要求自己。

总之，良好的亲子沟通需要专注，希望您通过充分的准备和练习，实现这样一种真正的沟通。不是问孩子如何提高成绩，不是问孩子如何不再拖延，不是问孩子如何在学校能够勇于表现，而是真正地与孩子实现沟通，从而可以理解孩子遇到的问题，更有针对性地帮助孩子，与孩子一起走上一条不断提升的成长之路。

峰哥语录

- 父母要每天把耳朵贡献出来，把嘴巴闭上，倾听孩子并认同孩子。
- 爱说的家长养不出听话的孩子，爱听的家长养出的孩子都很听话。

优势养育：
孩子不了解自己？听听孩子怎么说

在严格的教育体系下成长的我们，已经逐渐丧失了发现自己优势的能力，我们似乎更懂得如何找到自己的劣势。在我的工作团队中也是如此，大家每每复盘的时候，总是在讲自己哪里做得不对，哪里需要改进。这已经是我们的思维习惯，想改变非常困难。但是，今天的孩子似乎不是这样的。整个社会大环境，让这一代孩子变得自信了，这就要求我们家长也要跟着改变，千万别让自己的思维限制了孩子的发展。

家长先要敢想敢干

家长的想象力是孩子发展的上限，您相信不相信？一般来说，孩子发展的高度很难超越父母对他的要求。如果您的目光就短浅、局限，那孩子是没办法飞到您划定的边界之外的。我特别认同，一个人成就的天花板，其实是他的想象力，想都不敢想的事，没法做成。那么孩子的天花板，就是父母的想象力。父母想

第二章
好父母是懂孩子的，懂孩子才能爱孩子、教孩子

都不敢想的事，孩子也不可能做到。所以，可千万不要让您的想象力限制了孩子。

对今天的孩子来说，好像没有什么是他们不敢闯、不敢干的。据说，很多跨国大公司对员工提案的要求是至少解决 10 亿人的问题。您可能会觉得这也太异想天开了，其实不管在什么领域，我们都要敢想，敢想是发现自身优势和获得发展的前提条件。您也不要觉得，敢想敢干是天才儿童的特权。对于所有的孩子来说，父母能往更高更远处去思索，才能挖掘孩子的天赋，激发他们的学习和发展动力。家长只有具备更为广阔的眼光和格局，才能为孩子建立一个自由翱翔的大花园。

那什么是优势呢？姚明个子高打篮球是天赋优势，刘翔、苏炳添跑得快是天赋优势。每个孩子都有自己的天赋优势，有的孩子善于表达，有的孩子想象力丰富，家长帮助孩子找到并发挥出他的优势，是非常重要的。一个孩子对自我的认知不足，那么他就没有方向。其实，哪怕是为了认知自己的劣势，也要对优势了如指掌。因为不知道自己的优势在哪儿，就不知道自己的劣势在哪儿，自我效能就低。

让孩子说说自己的优势

发现孩子优势的第一步，我们可以让孩子说说自己的优势。您不要觉得孩子不了解自己，有时候孩子会让我们刮目相看。我的有些课，是孩子和家长一起来上，我在课上常常问我的学生，

你眼中的自己是什么样的？你认为你的优势是什么？你认为你最擅长做的事情有哪些？

有的孩子说自己善良，爱学习；有的说自己有毅力，很勤奋；有的孩子说自己懂得体贴父母，帮爸妈做家务；有的孩子说是跑步和跳舞；有的说是数学；有的说是做手工。我觉得，大部分孩子都是可以找到自己一两个优势的。如果孩子一时找不到，我们可以启发孩子，告诉他们什么是优势。家长可以和孩子一起想一想，孩子哪一方面的表现总是很突出，并且特别愿意在大家面前表现呢？一般来说，这就是孩子擅长的事情。

每个孩子都有优势，无论是身体上的、智力上的，还是社交方面的、知识方面的，或者是属于自己的美好品质，比如勇敢、善良、温柔、公正。然后，我们要进一步挖掘，问问孩子，你说的这些事情，现在每天都在做吗？你觉得自己是喜欢做还是擅长做，还是既喜欢又擅长呢？对孩子既喜欢又擅长的方向我们要进行深度挖掘，这样的话对孩子的学习和生活都有积极作用。

我们家长可以每天和孩子谈谈，问问他觉得自己今天哪里更好了，哪里进步了，这一方面可以培养孩子的自信心，另一方面可以帮家长了解孩子，保证自己和孩子的劲儿在往一处使。然后，我们可以接着问孩子，那你觉得你取得成功的原因是什么呢？有的孩子会觉得自己取得好的成绩是靠运气，我们要让他们明白，成功没有可能靠运气，如果这一次真的是靠运气，那么绝对不会持久，不要指望下一次还靠临时抱佛脚，再加上点运气就能再取得好成绩。成功，一定是靠不服输的志气、坚定的信念、正确的

第●章
好父母是懂孩子的，懂孩子才能爱孩子、教孩子

方法和持久的努力。

最后，我们要问孩子，这次的成功给他带来了哪些变化。有的孩子会说，通过这次数学考试的进步，让我对自己有了更多的信心，有了学习数学的动力。有的孩子会说，通过这次在全班同学面前演讲，我对自己的表达有了更大的信心，甚至有些上瘾。事实上，我们只有让孩子彻底认识自己、分析清楚自己成功的原因，他们才能持续进步。总之，找到优势，可以激励孩子更加积极地努力，更快实现目标。

从今天开始，从现在开始，让优势意识在您的家里生根发芽。发挥孩子的优势，有助于您与孩子建立更加亲密的联结，孩子会更加自信，您也会更有成就感。一旦孩子懂得了优势的效应，他们不仅会进入良性循环，在努力与正面反馈中不断提升自己；同时，他们还会更容易发现别人身上的优势，从而拥有更强的协作精神和共情能力。

峰哥语录

- 每个人都有缺点，我们要跟他的优点相处。
- 任何一个优秀的孩子一定不是横空出世，而是有迹可循的。

阳光心态：
做积极阳光的家长，更容易了解孩子

在真实的教育场景中，家长的心态可能比我们想象的还要重要。因为积极阳光的家长不怕困难，从不看低孩子，对孩子的发展持乐观的态度；而消极懈怠的家长往往觉得自己孩子不行，贬损自己的孩子，对孩子的发展持悲观的态度。

我常问我直播间里的家长，愿不愿意了解自己的孩子。很多家长都说，我当然愿意了解自己的孩子啊，可他就是不让我了解。您先别着急回答，仔细想想，您有没有自欺欺人？一个人的心态，是由自己的思维来决定的。遇到一个问题，您是想办法解决还是退缩？您要是那种爱退缩的人，了解自己孩子的意愿就没那么强，因为您也害怕孩子说出他的麻烦，万一您也解决不了怎么办？于是，您就在潜意识中告诉自己，还是掩耳盗铃吧。

看看您的心态如何？

我举个例子。假设，您发现孩子今天没写作业，怎么办？不

第●章
好父母是懂孩子的，懂孩子才能爱孩子、教孩子

好的心态是什么？是抱怨。父母说："哎呀，我咋生下你这么个孩子啊。"也就是跟孩子对抗。好的心态呢？是谅解和寻求解决方法。父母会想：哎呀，孩子在成长过程当中难免遇到问题。很多事情，我作为一个成年人我都没有做到，不要过度要求孩子。

您只有具备了好的心态，不抱怨，不暴躁，才有可能了解孩子。所以，如果您今天遇到了教育的难题，就要告诉自己静下来、慢下来，不要着急。当您能够慢下来的时候，就会发现好像事情真的好解决了。一个人在静下来的时候就能成长，当自己浮躁的时候就会动作变形。今天，我们引导孩子，绝对不是通过您的蛮劲儿来解决问题。稳定的心态非常重要，您不和孩子发脾气了，孩子也不跟您犟了，是不是？

美国儿童心理学家鲁道夫·德雷克斯也举过类似的例子。一个6岁的孩子坐在桌子前面用蜡笔涂色，妈妈则在旁边计划一周的食谱。不一会儿，孩子开始用一只脚踢地板。"别踢了！"妈妈很生气。孩子停了下来。没一会儿，孩子开始用两只脚踢起来。"我说了，不要再制造噪声！"妈妈又呵斥了孩子。孩子又安静了一会儿。但没两分钟，孩子又开始踢地板。妈妈一下子把笔摔到桌子上，打了孩子一巴掌，大声吼道："我说不要再踢了！你为什么总干让我生气的事呢？你为什么不能安安静静地坐着呢？"

这就像我刚才说的，咱们家长发现孩子没写作业，就劈头盖脸一顿骂：为什么不写作业？怎么有这么个孩子？但是，6岁的孩子并不知道自己为什么不停地踢地板，也不知道自己为什么不写作业，孩子根本无法回答您的问题。但是，作为家长，我们要

知道这个行为背后一定是有原因的。这里,您愿不愿意耐心地、心平气和地去思考原因,去想解决的方法,决定了您是不是愿意做孩子的合作者。

心平气和地去了解孩子

在鲁道夫·德雷克斯看来,根据心理学的一些常识,人的行为都有一定的目的,是朝着某个目标前进的。但是,有时候我们清楚自己的行为动机,有时候不清楚。我认为,的确是这样的。咱们都是成年人了,有时候是不是也不太清楚自己为什么要做一件事?鲁道夫·德雷克斯接着说:"如果我们想改变孩子的行为方向,必须先了解孩子行为背后的动机,否则我们几乎难以改变他们的行为。有时候,我们可以通过观察孩子某个行为产生的结果,发现这个行为背后的动机。"

鲁道夫·德雷克斯是这样分析踢地板的例子的。他认为,妈妈很生气,而孩子没有意识到会让妈妈生气。妈妈对孩子吼叫和打骂,可能让孩子感到成功,因为那一刻他得到了妈妈完全的关注。他怎么会停止呢?当然不会!他能用这样的方法让妈妈为自己忙碌。其实,我认为,孩子的很多行为都可以追溯到这个动机——为了得到关注。孩子并不知道自己有这样的动机,但他们的行为无意识地被这样的动机驱使。老师也好,家长也好,只有孩子做了挑战我们的事情,我们才会将全副心思给孩子,这样反而强化了孩子那些我们不喜欢的行为。所以,如果我们在孩子安

第 ◆ 章
好父母是懂孩子的，懂孩子才能爱孩子、教孩子

安静静的时候，符合我们预期的时候，能够给他满意的微笑和赞美的言辞，是不是他就不会这样做了？

按照著名儿童心理学家让·皮亚杰的"孩子自我中心"理论，孩子是天生认识不到别人的观点可能与自己不同的。孩子就是只以自己的观点去看待世界。怎么理解呢？皮亚杰用了经典的三山实验来解释这个术语。假设，在孩子面前摆放三座不同大小和形状的山的模型，然后给孩子展示一系列从不同角度拍到的山的照片，请他们找出与他们看到的模型相同的照片。接着，在山的模型的另一端放一个人偶娃娃，请孩子从相片中辨别出哪张与人偶娃娃看到的山一样。结果，大部分学龄前的孩子还会再一次指出那张与自己看到的一样的照片。如此，小孩子就更需要他们的父母用积极的心态去了解他们的想法，因为他们无法理解父母和他们想的不一样。

再说说青春期的孩子。都说青春期的孩子叛逆，什么是叛逆？我认为，叛逆也分冷叛逆和热叛逆。冷叛逆，就是您家孩子不和您说话，一回家就把门关上。或者孩子自己生闷气，甚至有时候不吃不喝。热叛逆，就是跟您对着干，跟您大吼大叫，甚至用自残的行为让您心疼。但是，孩子为什么叛逆？其实，有时候是因为家长没有给到他关注，有时候是因为家长的控制欲太强。

我们要理解孩子，被别人决定自己的生活当然非常令人沮丧。孩子到了青春期，十三四岁了，叛逆得不行。这是在与父母较量，在争取父母的肯定和关注，或者在挑战父母的权威。过去，您没有足够地关注他，或者不让他经历他该经历的事情，您

想要控制他。所以,他现在跟您对着干。反之,父母的心态如果一直很积极、乐观、平和,就能更好地去了解孩子,也会努力与孩子一起看世界,孩子就会更有安全感,青春期也会比较平稳地度过。

 峰哥语录

- 想要鼓励孩子上进,家长应该有正面积极向上的力量。
- 同一件事情,有的人看得到什么,有的人看失去什么,心态不同则结果不同。

第三章
好父母是戒吼叫的，温和坚定才有力量

觉醒的父母
理念篇

拒绝惩罚：
惩罚毫无效用，做不打不骂的父母

棍棒底下出孝子？您如果还信奉这个，那您真的应该好好反省一下自己。"棍棒底下出孝子"的时代早已经过去了。扇耳光、打屁股、打手板，以及任何让孩子疼的惩罚方式，都罪大恶极。打孩子给孩子带来的损害是长久的，并且会让孩子变得具有攻击性。那训斥孩子呢？当然，比打孩子强点，可是也没用。实际上，已经有大量的研究表明，惩罚对于长久地改善孩子的行为一点用都没有。如果您看见孩子一时因为怕您在家里乖了，那他大概率会在外面闯出更大的祸。

千万不要打孩子

玛丽亚·蒙台梭利是意大利第一位女医学博士，是20世纪享誉全世界的杰出教育家。她曾在《童年的秘密》中指出："研究儿童各种受罚方式发现：即便是在现代，在家庭中每个孩子都会受到惩罚。他们被训斥、被侮辱、被责打鞭笞、被关进黑屋，

第二章
好父母是戒吼叫的，温和坚定才有力量

甚至被威胁更严重的惩罚，他们还会被剥夺与同伴一起做游戏或吃糖果等娱乐权利，而这些活动却是他们心灵的唯一避难所，是他们深陷无法被理解的痛苦中的唯一补偿。其他父母常用的惩罚还有，不给孩子饭吃，让他们饿着睡觉。这时，孩子必须忍受伤心和饥饿的煎熬，痛苦地度过一整夜。虽然随着人们修养的提高，这种惩罚已经逐渐减少，但它并没有完全消失。很多成人仍然用刺耳的、具有威胁性的语言呵斥自己的孩子；很多成人仍认为惩罚孩子是上天赋予他们的权利；母亲们仍觉得打孩子一巴掌是母亲的职责。在成人看来，体罚是一种对他人尊严的侮辱和与他人交往的耻辱，所以在成人之间已经被禁止。但是，难道还有比辱骂、责打儿童更卑劣的行为吗？在这方面，成人的良心完全处于麻木状态。"

实际上，我确实不能理解现在还有家长对打孩子这件事表示支持。很多家长现在都知道打屁股不行，因为对孩子的侮辱性比较强，而且从生理上说，打屁股容易打出问题。现在，就有家长跟我说，有些人提倡打手板。打手板的侮辱性不强？我们现在已经对"家庭暴力"实现了"零容忍"，人们都知道丈夫打骂妻子是违法的，并且对这样的行为深恶痛绝。为什么？因为，在家庭中，弱小的一方尤其没有能力反抗，难道成人对孩子的打骂就不是如此吗？孩子无法反抗、无法逃离，只能默默忍受。

有的家长和我说，打就是有用。那我想问，如果打就是有用，您为什么现在还是这么苦恼呢？为什么您还要因为孩子的一个行

为,一而再再而三地打他呢?

不要贬低孩子

当然,在我的直播间里,打孩子的家长并不多。我想,随着现代社会的发展,蒙台梭利女士提到的大部分惩罚已经较少在现代文明国家的教育场景中出现,大多数家长都知道体罚是不对的,但是父母对孩子的惩罚远没有结束。

据我这些年的观察来看,最常见的两种变相惩罚孩子的方式就是贬低孩子。最近,有个孩子给我反馈说,"王老师,我妈骂我是二百五",这就是贬低。您觉得您只是随口一说,孩子心里已经难受好几遍了。您想想,您有没有说过"你是二百五""生下你就是个错误""你真给我丢脸"这种话。

要是一时想不起来,我再给您个场景。前段时间我们拍了一个短视频,也是取材于生活。这个故事是这样:一个孩子得了抑郁症,去医院复查。在等待复查时,孩子就在那儿看书,医生看到孩子在看书,就夸孩子说:"孩子你学习真用功!"坐在旁边的妈妈就说了一句话,说:"他用功,他那是假装的,他就是假用功。"妈妈的这句话把这医生气坏了,医生想用鼓励的语言来激励孩子,让一个罹患抑郁症的孩子找到一点成就感,而妈妈一句"用功都是假用功",就把孩子的积极性都给毁掉了。

最近,有一个家长跟我说:"王老师我想求助你一个事儿。我家孩子大学毕业了,跟他爸说他不准备回家来了,说嫌

第二章
好父母是戒吼叫的，温和坚定才有力量

家烦。"一个大学毕业生跟他爸爸说他不准备回这个家了，嫌这个家烦，为什么呢？妈妈听到这个事儿来寻求帮助，问我为什么。这个孩子还是某所211院校毕业的，211院校毕业的学生嫌家里烦不愿意回来了，您想这是不是教育的悲哀？孩子把家长当成"敌人"，听到家长的声音就烦得不行，因为家长过去总是贬低他。这就像一个成年人，不愿意去单位，为什么？有人说看到单位里某个人就觉得不顺眼，或者领导给自己"穿小鞋"，这是一样的，对不对？您如果从小就总是夸奖孩子，孩子能不愿意回家吗？

蒙台梭利女士提出："成人必须信任儿童内在的力量，因为儿童有一种与生俱来的'内在生命力'，而教育只是为了促进儿童'内在潜能'的发挥。"如何促进这种发挥呢？我们不断和大家强调，孩子需要鼓励和赞扬。我们都想要自信的孩子，但一个孩子总被贬低，怎么会自信呢？时间长了，他还会产生自卑心理。总有家长问我：我家孩子为什么不敢跟别人打交道，为什么不敢跟老师互动，为什么在人多的时候不敢说话？其实很多时候都是因为，您经常看不起他，他就没自信，他就不敢把自己的优势发挥出来，他就怕别人笑话他。

实际上，一个孩子没有很好地成长，往往是受到了成人打骂和贬低。我们家长作为决定孩子教育与发展的第一责任人，应该有更强的使命感和责任心。好好教育孩子，不是靠喊口号、下决心，而是靠日常生活中点点滴滴的耐心和努力。

觉醒的父母
理念篇

峰哥语录

- 一个孩子在一个没有欣赏的家庭,就像一盆花长期没有水一样最后会干枯。
- 永远不要嫌弃孩子丢人,他是你的孩子。

第三章
好父母是戒吼叫的，温和坚定才有力量

解决问题：
不是训斥责骂，而是及时反馈纠正

拳头教育最低级。动不动就打骂，是不可能解决问题的。一旦伤害了孩子的心，再想弥补是难上加难。只用嘴巴教育也不行，从小吓唬孩子说不要他了，长大说你再不学习就别进家门。管用吗？对于孩子的错误，不能靠打骂，而是要靠及时反馈纠正，这样才能把孩子往健康成长的路上指引。

训斥打骂行不通

爸爸妈妈给孩子真正的爱是什么？真正的爱就三个字，叫"无条件"。什么是无条件？我举个例子，一个妈妈喂新生儿母乳，有条件吗？没有。妈妈不会说，我给你吃奶你就得给我考上好大学，你要考不上，我就不给你吃。

可是，随着孩子长大、入学，包括未来选择职业道路、婚姻家庭，家长对孩子的要求就会越来越多，你要达不到我的期望就不行，甚至开始因为这些事情打骂孩子了。那么，您究竟是爱孩

觉醒的父母
理念篇

子还是爱孩子的成绩？是爱孩子还是爱孩子体面的好工作？是爱孩子还是爱孩子找了个好对象？真诚的爱越来越稀缺，孩子优秀您就爱，孩子平凡您就不爱了？现在，有百分之六七十的父母是这样，所以我才要反复说这些问题。既然咱们有了孩子，就要无条件地爱孩子。

我一直强调，教育孩子的实质是家长教育自己，自我教育是影响孩子最有利的方法。父母要耐得住性子，控制得了脾气。只有您自己是一个真正上进的人，才能更好地影响孩子。言传不如身教，父母以身作则是对孩子最好的教育。您家孩子上了大学了，您还需要提升自己吗？您自我成长这个事儿是终生的，不是由有没有孩子、孩子多大来决定的。

假设通过一年的时间干一件事儿，一年以后，您家孩子爱上学习了，您家孩子不再拖拉磨蹭了，您家孩子成为同学当中学习的榜样了，您家孩子有信心了，他开始自己努力成长，不需要您再干涉了。那么，我想问您，您愿意不愿意付出一年的努力？孩子的成长也需要家长的努力。我们都知道，自律是非常重要的习惯。那么，父母能做到吗？父母能更加耐心地、长久地引导孩子，并且以身作则吗？

如果您连不打不骂这么简单的要求都做不到，那您也没办法要求孩子不断进步。我想，您要是能通过自身努力，会收敛自己的脾气了，孩子也不会差。一切养育先从家长以身作则开始。我们家长与孩子一起成长、一起进步，或许就是培养孩子自律能力最好的路径了。同样的道理，一个有求知欲和好奇心又能自律的孩子一定能为自己迎来更好的未来。当您看到您家孩子每天早晨自觉地用好的状态去学习的时候,您有什么样的感觉?也觉得自己碰到一个天使宝宝吧。是不是觉得很幸福?

积极地养育孩子,当然不能打也不能骂。那么,作为父母我们应该怎么去做?正确的做法是,家长要懂得如何正确地引导孩子,及时纠正孩子的错误。只有如此,孩子才能在未来拥有重要的判断力和决断力,也就拥有了更好的成长。

不能放任不管,要及时纠正反馈

对孩子错误的举动,家长要懂得及时纠正,给予反馈。有的家长说:"王老师,您不是说让我不要管孩子吗?"我说的是,少管孩子的行为,管孩子真正需要管的东西,管他内心的东西,矫正他内心的规则。

我举个我儿子的例子。我儿子每天晚上7点开始练篮球,他下午运动量大,有时候他就饿了,我爱人就说在练篮球之前让他吃点东西吧,然后就在厨房里面给弄个鸡蛋饼。结果他饿得不行了,他就吼:"妈妈,我饿得不行了,能不能快点儿?"但厨房里头开着抽油烟机妈妈听不见,他就又喊了一遍。

我当时正在书房里面备课,他喊的声音太大了,我就把他喊过来,我说:"刚才你干啥呢?"他一下子表情就不对了,他知道错了。我说:"你过来!"他一下子眼睛里头就有眼泪了。我说:"谁让你刚才那么高声说话呢?你以后要再敢对你妈妈那样说话,你

看我怎么收拾你。"他低头说知道了。我说:"饿得不行,等不了就自己做去。"然后,孩子就去他自己卧室里面耐心等着了,饭熟了才来吃。这个就叫作及时纠正,给予反馈。

一个孩子做了违背原则的事儿,必须严厉,我很少对他们高声说话。但是,如果要出现了原则性错误,就必须这么做。为什么您会觉得孩子不尊重您?因为他之前不尊重您的时候,您没给他一个及时的反馈。所以,您得及时告诉他自律的尺度在哪里。有的家长觉得孩子吼了您没事,孩子饿了都得发脾气。那他就觉得,这么做没问题,还谈何自律呢?

就像我们兄妹三个,我一个哥哥一个妹妹,我们从不敢跟我妈大声说话,因为我们要跟我妈大声说话,被我爸发现,是要挨揍的。这就是反馈。您得告诉孩子什么事儿不能说、不能做。在孩子小的时候,把规矩立好了,培养孩子自律的尺子就做好了。培养出一个真正自律的、心理强大的孩子是非常不容易的,要从孩子小的时候就开始做起。

峰哥语录

- 没有不犯错的孩子,只有不会纠正的家长。
- 父母要做孩子人生的助跑员,孩子跑得快我们要喝彩,跑得慢我们要鼓励;如果孩子跑偏了,就来到他的身边纠正他,让他回到正轨。

第　章

好父母是戒吼叫的，温和坚定才有力量

温柔力量：
能够让孩子不再"顶嘴"的好办法

孩子"顶嘴"怎么办？确实，有时候孩子与家长"顶嘴"，特别容易导致亲子关系恶化。要我说，最好的办法，是对孩子温柔。有的家长不相信，觉得大声说都没用，轻声细语地说能有用？殊不知，温柔是一种力量，不是大声说话孩子才会听，如果声音大就有用的话，您也不会问我了。

所以，我今天要和您聊聊，用粗暴的态度、尖刻的语言对待孩子，是怎么伤害您与孩子之间的关系的。同时，粗暴地对待孩子，甚至还有可能把孩子拉入抑郁的泥沼。然后，我与您谈谈对孩子温柔，是一种怎样重要的力量。这么做，不仅有利于亲子之间的关系更加融洽，还能培养一个同样温柔的孩子。这个世界太缺乏温柔的力量了，家长千万不要忽视这一点。

孩子是会听语气的

孩子其实是很会听语气的，越小的孩子越是如此。家长充满

火药味的语言,会导致亲子关系恶化。因此,我们家长也要自己注意自己的语气。尖刻的语言,会让孩子没办法感受到来自父母的爱。因此,即使有的时候我们情绪不好,也不要对孩子口不择言,要和孩子好好说话。

有的家长跟我说,越不让孩子干什么,他越干什么。我曾经读到过这样一个事例,说孩子想去院子里玩,爸爸用特别强硬的语气说:"不行,你现在不能去!"结果,过了一会儿,就看孩子跑到院子里玩去了。研究认为,孩子的这种行为,是因为家长的语气刺激了孩子。爸爸的语气非常强硬独断,这刺激了孩子和家长发生"权力之争"。

孩子每天放学回来,与他击两下掌,给他加油,与他拥抱,拉近你们的关系。这样,孩子不论遇到什么事儿,都能和家长说一说。反之,如果孩子总被吼叫、辱骂、嘲笑,不仅会出现一些行为上的问题,出现抑郁症的概率也会大幅增加。当然,我们家长也不要故意把自己的语气弄得很肉麻。哪怕是很小的孩子,我们也没必要故意奶声奶气地说话,堆着假笑,显得自己特别喜欢孩子,还用叠词,什么"吃饭饭""睡觉觉",这并不会让孩子感觉更好,而只会让孩子觉得自己比您弱小,不能与您平等地交流。我们和孩子说话的语气,其实就和与朋友说话的语气一样就行了,尽量温柔一些,情绪平稳一些,就很好了!

第二章
好父母是戒吼叫的，温和坚定才有力量

别让您的粗暴毁了孩子

现在，不少孩子或多或少有一些抑郁的问题，我们家长总觉得是孩子学习压力太大，或者是学校的问题。其实，很多时候，是孩子与家长的沟通出了问题，久而久之，就产生了比较严重的问题。

这两年，我也碰到过有的家长跟我说，孩子闹过自杀，还好抢救得及时。他就想不通，为什么孩子会这么想不通，对生命如此不珍惜。孩子说：他觉得活着没意思。为什么活着没意思呢？因为家长经常说：你怎么这么没用，连作业都写不完，你活着有啥用呢？后来，家长也想到，他还真这么说过。所以，言语的力量是很强的，您可能只是随口一说，但对孩子是巨大的打击。

有的家长会说，但我平时很爱他啊！实际上，我们要明白一点，无论您平时多爱他，只要不断对他进行言语攻击，这种坏的影响就会产生，父母和孩子之间就会产生敌意，孩子就会出现问题。

有个家长跟我说，她听了我的课以后，感觉自己改变了很多，连她的同事都说她越来越好了，脾气也好了。然后，孩子也越来越有礼貌了。之前呢，孩子每天早上起床都很慢，家长就催他，说要迟到了，实在不行就骂他两句。现在，即使孩子慢，家长也不催他了，让他自己慢慢来。现在，亲子关系变得特别好。孩子每天去上幼儿园之前，还会说："妈妈，我亲你一下。"我当

时就能感受到这位妈妈的开心。所以，家长平和了，情绪稳定了，孩子的幸福感也会提升很多，就会和家长更亲，这样亲子之间就进入了一种良性循环。

还有个家长分享，他现在不催孩子写作业了。孩子刚上幼儿园，老师会留一点作业。之前，这位爸爸就是，只要孩子不主动完成作业，就要去骂孩子，甚至急了还要打两下。现在，他就想着我说的——要冷静，不要去骂孩子，更不要去打孩子。平时，他试着多夸夸孩子，孩子每天从幼儿园回来，就和他说你想写几行就写几行自己决定，孩子反而变得愿意主动做作业了。

峰哥语录

- 一个满肚子抱怨的人，是不可能教育好孩子的！
- 从今天开始，让我们下定决心改变自己：脾气小一点，志气大一点，待人温柔、和善一点。

好父母是戒吼叫的，温和坚定才有力量

把握分寸：
把握关怀与原则、要求与纵容的度

前几天，一个初二女生的妈妈找到我，说我的课帮助了她，也帮助了她家孩子。我听完她的情况很受震动，也很为她骄傲。我不敢说，我在这里面起了多么大的作用，但我想分享出来，与您一起探讨，在关怀与原则之间，在要求与纵容之间，作为家长应该怎么做。

碰到就是不上学的孩子怎么办？

这位妈妈说，她家孩子在小升初的时候，摇号摇到了私立学校，当时家长没想到孩子能摇进去，因为这所私立学校摇进去的概率很小。所以，家里人就特别高兴，就没有多考虑别的。结果，孩子一进去不适应，就不想上学了。孩子妈妈感到接受不了，觉得摇进去的概率那么小，就是硬撑也得硬撑到底。但是，孩子爸爸和家里老人建议要不就转一所学校吧。这位妈妈说，到现在她都觉得孩子爸爸没有原则，特别没有原则。但是，妈妈一个人很

难对抗全家的决策，孩子就从私立学校转到公立学校了。结果，公立学校去了大概一周吧，孩子又不想去上学了。家里面老人也去说孩子，亲戚朋友也一起说孩子。妈妈感到，大人们越说，让这个孩子越抗拒。

她说，她刚开始听我课的时候，孩子爸爸还反对，说就不要瞎听了，现在家里已经这么乱了，听了也没用。但是，孩子妈妈还是坚持，希望找到帮助孩子的办法。孩子在家待了差不多一个学期，她和孩子最严重的一次冲突，是孩子要吃安眠药、要闹自杀。孩子妈妈当时用了比较强硬的方式沟通，没有被孩子威胁。这个冲突过后，母女俩谁都不吃饭，两天什么都没吃。最后，女儿反而软化了，说想通了。初一下学期，孩子开始上学了。

讲到这里，我要提醒各位家长，我不是提倡这位妈妈的做法。根据这位妈妈的描述，平时主要是由她照顾女儿的，基本上不打不骂，很少和女儿发脾气。所以，母女俩有很深刻的联结，妈妈也比较了解女儿，才敢用比较激烈的方法帮女儿回到正轨。因此，坚持原则，不懈努力，帮助孩子解决问题，是我们要向这位妈妈学习的。具体的方法和做法，要根据您自己家庭的情况来打算。

最终，您还是要鼓励和支持孩子

接着说这个故事。孩子上学以后，又故态复萌，每天哭。这位妈妈和女儿说："你有什么事情和我分享，我理解你，咱们共

第三章
好父母是戒吼叫的，温和坚定才有力量

情，之前我不知道什么是共情，现在听课了，我明白了，就是站在你的位置去考虑。"这位妈妈主动和女儿承认自己之前也有错，希望可以和女儿一起进步。但是呢，她又对女儿说："你有你的原则，我也有我的底线，该坚持的我必须坚持。你看啊，学校不是咱们家开的，我也没有那么大的本事，让你不停地换学校，这是最后一次机会，你要是觉得能上，咱就上。不能上，咱们把退学手续都签好。你必须得签，还得签一份协议，你终身也不要去上学，不再接受教育。"

孩子刚开始去学校的时候，一直在威胁家长，说是为了家长才去上学。这位妈妈说，其实当时是很怕的，怕自己的方法帮不了女儿。但是，她始终认为，家长要有原则，要有自己的坚持。母女俩就这么坚持对话了一个月，情况开始有好转。女儿回来说，学校里头的老师和同学对她都特别好。妈妈就鼓励女儿，说你一定要坚持。这位妈妈不仅感谢了我，还特别感谢孩子在学校的老师，说对她女儿很好，很接纳她女儿。我想，这么懂得珍惜和感恩的妈妈，教出来的女儿一定能走出自己的困境。

女儿能够上学之后，妈妈开始鼓励女儿学习。女儿刚回到学校的时候，正好赶上月考。学校是480个人，孩子考了400名。妈妈对孩子说："我相信你，你也一定要相信你自己。你一回到学校就超过了80个人。证明你是一个优秀的孩子，是个有潜力的小孩儿。"到了期末考试，孩子已经考到了328名。

我一直强调，我们要多鼓励孩子。这位妈妈身体力行，对别人的感激都说出来，对孩子的爱也都说出来，这些都是帮助孩子

觉醒的父母
理念篇

走出困境的原因。另外,这位妈妈不断地去学校,不断地和老师沟通,老师让怎么配合,她就怎么配合。说明什么呢?说明这位妈妈是一位做事一丝不苟,又积极向上的人。的确如此,这位妈妈在各方面都在为孩子做榜样。

这位妈妈说:"我虽然文化不高,但是我承认我很积极向上。我出去打工,我也干得特别好。我是一个裱花师,就是做蛋糕的。之前,我是不读书的,现在没事就看看书,我还在家练毛笔字。我没出去工作这几年,在家里面也没有闲着,一直在做网店。而且,学珠宝学了6年,都快考珠宝鉴定师了。但是,目前我妈妈爸爸同时生病,家里面就我一个孩子,我就暂时都放弃,专心照顾老人。反正不管做什么,我都努力做好,孩子现在也挺佩服我的。"

这位妈妈始终认为,她不能求着孩子去上学。她努力的方向,是让孩子像一个正常的小孩儿一样去生活。这个小女孩遇到这样一位妈妈,是孩子的幸运。如果这个孩子的问题,出现在一个没有原则、没有底气的家庭当中,孩子的一生也许就毁了。很多孩子对父母失望,就是因为父母既爱打骂,又没有原则;说得太多,而做得太少。

我再举个例子。有一阵子,老大的学校线上上课,要求每天把作业拍照发给老师。那会儿,我家老大的英语写得歪歪扭扭。我觉得,孩子刚开始写,写得不太好也很正常。他们的英语老师也都是以鼓励为主。我记得,有一次我发给他们老师,老师说:"今天写得比之前的要好,继续加油,但是要注意单词之间留一

好父母是戒吼叫的，温和坚定才有力量

个字母的空隙就好了。"第二天，孩子写完以后，我们又给英语老师拍过去了，老师说："今天写得比昨天更好了！"所以说，您要是一开始就指责孩子，弄得他都没有兴趣、没有信心了，就要排斥学习了。

我认为，对于教育的所有问题，家长都要有自己的底线和原则。方法是千变万化的，底线却是要死守不放的。比如，对自己的选择负责，是家长应该教会孩子的基本原则。但是，孩子的成长，往往是个循序渐进的过程。我认为，在这个过程中，家长始终要有耐心，才能陪着孩子慢慢变好。

峰哥语录

- 在教育孩子的问题上，您没有耐心，那就意味着将来要闹心。
- 当你有信心的时候什么都是方法；当你没有耐心的时候到处都是理由。

尊重孩子：
用尊重打开孩子的心门，与孩子平等相处

我认为，当我们懂得尊重孩子时，孩子也会更加尊重我们。很多家长都有一种莫名其妙的"谦虚"的习惯，就是当别人夸奖自己家孩子时，他一定要挖苦两句。别人说您家孩子真优秀，您说"他就是运气好"；别人说您家孩子的兴趣真广泛，您说"他就是闲得没事"。我不明白，您为什么这样看不起自己家孩子？如果您对孩子没有基本的尊重，是没办法好好地与孩子相处并引导他的。

所以，今天我们分三个方面来和您聊聊与孩子平等相处的理念。第一，您要对孩子始终保持尊重；第二，您要接纳孩子的错误；第三，您要毫不犹豫地站在孩子的身边。

对孩子始终保持尊重

我发现，很少有家长可以始终对孩子保持尊重，因为家长总是很难把孩子当作一个平等的个体来对待，孩子的要求您觉得不

第三章

好父母是戒吼叫的，温和坚定才有力量

重要，孩子生气时您觉得他在耍小孩子脾气，孩子害怕时您甚至开他玩笑。尊重孩子就是要尽量改掉这些行为，把孩子当作一个独立的人来对待。

另外一种不尊重，大概是带着爱的，可是也让孩子不胜其烦。"有一种冷叫你妈觉得你冷""有一种饿叫你妈觉得你饿""有一种困叫你妈觉得你困"，其实，孩子自己是有判断力的，您这样呵护孩子，看起来是爱，深层次的原因是没把他当独立的个体看待。孩子比您知道自己到底是不是冷，是不是饿，是不是困。同样，他也比您更了解他自己。

有些成年人会因为自己的一些负面情绪感到自责，有一种可能的原因是，在他小的时候，家长常说，"你有什么可烦的""什么都给你伺候好了，你还不高兴"。久而久之，孩子不仅会觉得家长不尊重他，忽略他的感受，甚至会因为有这种负面情绪而愧疚。这种后遗症，会伴随孩子很久。

孩子如果能够没有负担地告诉您他的想法，说明您在尊重孩子这件事上做得很好。孩子和您倾诉他的烦恼，解释他的生活，说明您给了他足够的尊重和安全感。他不会害怕您因为他不够出色而责骂他，也不会因为他的负面情绪而对他口出恶言。如果气氛已经这么好了，家长一定要做到不多嘴地倾听，即使是想帮他解决，也不要贸然行事。最最重要的是，千万不要用反问句来输出您的观点。

有的家长都已经拥有孩子与他谈心的机会了，却依然不能和孩子顺利地对话。有个家长和我说，她家孩子上初中住校了，回

来跟她说自己睡眠不足,导致学习效率不高。我问:"那您说什么?"家长说:"我问她为什么不早点睡。"我说:"那孩子说什么?"她说,孩子就说好,那她早点睡。这位家长就这么把孩子的嘴给堵死了。我说,您如果真正地去理解孩子的烦恼,您就不会觉得早睡点就能解决她睡得少的问题。孩子可能有什么烦恼正想说,可能是她解决不了的事情,可能是宿舍的睡眠环境不好。您要么是完全不懂得尊重孩子,要么是听的时候心不在焉。您应该把别的事放到一边,全神贯注地在听孩子的想法。只有这样,才能说您在尊重孩子。

说实话,我觉得家长有时候不说话比说话效果好,这位妈妈如果不打断孩子,让孩子说下去,孩子可能就直接吐露自己的烦恼究竟是什么,因为什么导致的睡眠时间少。尊重孩子的沉默,远比无所谓的回答要好。特别是有些时候,孩子情绪不好,只是想让家长陪一陪,确认家长就在自己身边。您可以什么都不说,拍拍他就可以了。

接纳孩子的错误

有很多家长问我,为什么我们家孩子会撒谎?我常常会说,大概是您不允许孩子犯错吧。当孩子没有达到您的要求时,并不代表孩子就错了。或许问题在于您提的要求过于苛刻。您总想让孩子"听话",强迫孩子服从。那么他一旦犯了错误,必然就会和您撒谎。所以,您或许应该反思一下自己对孩子的要求。其实,

第三章
好父母是戒吼叫的，温和坚定才有力量

人小的时候不犯小错，长大后大概率会犯大错。

所以，家长不要怕孩子犯错，每一个孩子都会犯错，问题在于孩子是否能在错误中了解正确的观念，是否能明白自己为什么错了，并且在未来不犯同样的错误。更何况，孩子的很多不当行为，其实是取决于家长的心理状态以及家庭的氛围。我们作为家长，首先要自己保持冷静和客观，同时处理好自己时常沮丧和愤怒的情绪。只有如此，我们才能帮助孩子更加积极地应对一切。

如果父母不允许孩子犯错，那么这些错误就会变成孩子未来的障碍。很多错误都是相对的，和小朋友打架是一种错误，但逆来顺受也是一种错误；不喜欢背诵是一种错误，但不喜欢思考也是一种错误；做事拖拉是一种错误，但做事鲁莽也是一种错误。孩子是否能够更好地成长，取决于父母如何对待孩子的弱点。

如果父母能够理性地、用好的心态去看待错误，孩子的错误就会变成力量。孩子们面对的是具有同一性的现实世界，但是，如何看待我们与这个世界的关系，如何解释这个世界上发生的事，往往决定了孩子不同的发展道路。实际上，孩子每次犯错误的时候，都是我们教育他的最好机会。

举个例子。一位妈妈带着自己 4 岁的儿子去邻居家里串门，而邻居家有个 1 岁半的女儿，当时正在客厅玩玩具。妈妈对儿子说："去和妹妹玩，别欺负妹妹。"然后，两位妈妈在旁边的餐厅聊天。没一会儿，妈妈们就听到了女孩的尖叫声。两位妈妈跑到客厅，看到男孩的脸上带着扬扬自得的笑，还紧紧拿着女孩的洋娃娃。女孩大声地哭着，额头上有个红印。

女孩的妈妈赶紧过去把女孩抱起来。男孩的妈妈抓着男孩骂:"你是不是欺负妹妹了?!你抢妹妹的洋娃娃,还打妹妹,是不是?你怎么这么不听话!"男孩哭了。男孩的妈妈向对方道歉,并对男孩说:"你总欺负弟弟妹妹,丢不丢人?你给我待在那儿别动!"

大家看一看,这件事情里面是不是反映出了很多问题。我们先撇开如何教育男孩子礼貌谦让不谈,我们就谈一下这件事中母亲的语言所传达出的信息。第一,妈妈已经预设这个男孩是"坏"的。每一次,我们跟孩子说"你要听话,你不能做个坏孩子"时,我们都在暗示孩子,他有可能是"坏"的,我们对他没有信心。第二,妈妈指出男孩"你总欺负弟弟妹妹"强化了男孩的自我价值观。孩子回想,"你觉得我是这样,我就是这样了"。实际上,一个欺侮弱者的孩子,通常是个气馁懦弱的孩子。

毫不犹豫地站在孩子的身边

那么,当孩子和其他孩子发生冲突时,我们应该怎么做呢?第一,我们不要预设孩子会有不好的行为,我们总是觉得孩子会欺负人、会做错事,就无形中强化了他这种行为。第二,告诉他,希望他和妹妹玩得开心,如果确实不喜欢和妹妹玩,那么,以后就不要和妈妈来了。

大多数的时候,孩子们是愿意一块玩的。一个教养良好的孩子,也不会无缘无故欺负别的孩子。但如果孩子们依然发生了

第三章
好父母是戒吼叫的，温和坚定才有力量

争执怎么办呢？妈妈可以和孩子说："儿子，你不能在这里开心地和妹妹玩，我们就回家去吧！下次妈妈来串门时你可以留在家里。"这样做，可以"教"孩子如果他愿意控制自己的行为，他下次还可以和妈妈来。

最后，非常重要的是，妈妈尽量避免当面指出孩子的错误行为，这有助于他在未来更好地约束自己，并对自己的行为负责。当妈妈下一次和男孩子说"咱们准备好了再去串门"时，就表达了她对孩子改善自己行为的信心，孩子会更加约束自己，也会想要再次和妹妹去玩。

我相信无论何时，尊重孩子是装不出来的，我们要发自内心地把孩子当作一个独立的个体来对待，无论是在与他们交谈时，还是在处理他们的不当行为时。有时，我们先入为主，又太想彰显自己的家长地位。但是，只有我们真诚地尊重孩子，才能与孩子更加温和平等地相处。

 峰哥语录

- 尊重孩子，与孩子共情，接受孩子犯错，给予正确的引导。
- 尊重和对错没关系，要给孩子信心、机会、希望和真诚的尊重。

第四章
好父母是能接纳的，要给孩子无条件的养育

接纳孩子：
您对孩子的爱，是有条件的吗？

我曾经问过很多家长：如果满分是 100 分，您给您家孩子打多少分？有的说打 80 分，因为孩子太拖拉；有的说打 60 分，因为他不听老师话，总是调皮；有的说打 50 分，因为他没有学习动力，成绩差。我从来没有见过一个家长，给孩子打 100 分的。我们的家长，总是对孩子有这样那样的不满意。

中国青少年研究中心研究员、副主任孙云晓，在推荐艾尔菲·科恩的《无条件养育》时提到："无条件养育之所以重要，因为父母永恒的爱是孩子成长的生命根基，如果以成绩是否优秀或表现是否乖巧作为爱的条件，等于在基因中诱发孩子的病态人格。通俗一些说，爱孩子是没有条件的，而这就是最好的教育。"

换位思考

我们可以试着换位思考，如果您的孩子给您打分呢？说我给爸爸打 50 分，因为他动不动就发火，不如谁谁的爸爸好；说我

第四章

好父母是能接纳的，要给孩子无条件的养育

给妈妈打 70 分，因为她上次给我讲题，我没听懂，不如谁谁的妈妈，因为人家的妈妈是数学老师。您心里也不太舒服吧？您也希望孩子说，我的爸爸妈妈是世界上最好的爸爸妈妈，我给他们打 1 万分吧？

我曾经看到一则消息，感到非常震惊。一个 12 岁的女生不想上学，因为爸爸妈妈逼着她上学，最后走上了绝路。我在想，现在的孩子怎么了？物质条件如此丰富，为什么总是想着放弃自己的生命？家长也是想倾尽全力把孩子培养好，可为什么就培养不好？这究竟是什么原因？

其实，其中很大的一个原因就是，我们家长的爱往往是有条件的。那么，什么是有条件的？您想想看，您爱孩子是不是为了得到点什么呢？比如每天跟孩子一起学习，您的目的就是让孩子能够取得好成绩，用您的努力来兑换孩子的好成绩。我在和家长的交流中，发现很多家长都有这样的想法。

有的妈妈为了孩子辞掉了工作，影响了个人自身价值的实现。这是我们现阶段很多家庭都碰到的问题，但这不是孩子的错，不能对孩子发泄情绪。不能心里总想着，我放弃工作陪孩子上学，孩子为什么还不好好学习？这就是有条件的爱。还有的妈妈为了孩子省吃俭用，心里就想着，我让你享受最好的物质条件，你为什么还没有好好学习？这也是有条件的爱。爱不是用来交换的，用您的爱和孩子做交换，于是您觉得付出的爱没有得到回报，就会产生怨怼，亲子关系就会出现问题，久而久之，甚至到了决裂的边缘。这种时候，爱就变成了伤害。

谁会喜欢有条件的爱呢?

如果我成绩不好,父母就不会爱我了;如果我没有完成好家务,父母就不会爱我了;如果我迟到,父母就不会爱我了……如果在获得父母的爱时,总是有附加条件的,孩子就会习惯用讨好来换取关爱。心理学先驱卡尔·罗杰斯曾经提出过这样的观点:如果一个家长给孩子的爱取决于孩子的表现,那么孩子会厌恶自己不受家长喜欢的那部分,最终影响了他们对自己价值的判断。这些孩子会认为,只有受到家长喜爱的那部分自己,才是有价值的。

举个例子,小孩子都会发生冲突,但是有一些孩子的家长,无论孩子与别的孩子发生冲突的原因是什么,都是当着对方家长的面把自己家孩子说一顿。在我们的传统文化里,这可能显得这家家长宽容大度有教养,并且孩子以后也会避免和别人发生冲突,家长还沾沾自喜地认为自己家孩子最"听话"。那么,可能会导致孩子什么都不敢争取,性格变得怯懦自卑,从不敢去解决问题,因为害怕冲突,就不能怪孩子了。因为,孩子会理解为家长在对他说,你的这个部分我不喜欢,它没有价值。

有的家长可能会说:"我当然是无条件地爱着我的孩子的啊!"他们对孩子的所有伤害都可以归结为"为你好"。逼他去上家长希望他上的兴趣班是为他好,逼他补课以便取得名列前茅的成绩是为他好,逼他去学家长认为有前途的专业是为他好,逼他

第四章
好父母是能接纳的，要给孩子无条件的养育

留在他并不想留的城市是为他好，逼他去做他并不想做的工作是为他好，逼他去他不想去的相亲宴是为他好。如果，孩子没有按照您的意愿去做，您说您也没有怎么样，您说您能对孩子怎么样呢。这其实是对孩子"冷暴力"的一种，您表现的是那样一种态度，您没有过去那么欣赏他了，或者您认为他做的没有过去好了。

研究表明，如果孩子认为自己没有达到家长期望，就会得到更少的爱，他们的未来会有很多问题。没有人会喜欢有条件的爱。在孩子的童年时期，如果家长给孩子的总是有条件的爱，那个您现在引以为傲的孩子，为了得到您的爱，会在进入青春期后变得越来越不像自己，甚至丢掉了真实的自己，这一定不是您希望看到的。

与此同时，他们还会更加容易感到受到他人的排斥，更容易形成讨好型人格，更容易丧失自我价值感。另外，我相信这样的家长最不想看到的是，孩子将会更容易讨厌自己的家长，并和家长关系紧张。是的，这一切是在他们成人之后发生的。这就是您下意识地使用有条件的爱的后果。在孩子的成长期，您好像可以比其他家长更容易收获一个期望中的孩子，毕竟孩子做不到，您就会对他骤然变色，但以后呢？

根据近年来的研究，教育学者们发现，有条件的爱更加严重的后果是，这种有条件的爱的教养方式是会传递的，也就是说，您的孩子依然会这样对待您的孙子。人们没有办法解释，为什么一个人在年幼时已经受到了伤害，还会用同样的方式对待自己的孩子，但事实就是如此。您想想是不是这样？您也经常用父辈对

 觉醒的父母 理念篇

您的方式，去对待您的孩子。所以，无论在什么时候，都要给孩子一份没有条件的爱，让孩子知道，不管发生什么事，爸爸妈妈都爱我。这份爱将是他未来面对人生的底气。

  峰哥语录

- 父母无条件的爱就是不求回报的教育。
- 父母口中的"为你好"是阻止孩子前进的真凶。
- 给孩子无条件的爱，前提不是学习成绩，不是听话懂事，只是因为你是我的孩子。

无私的爱：
相信孩子是最好的，给予他急需的支持

父母的爱对孩子来说有多重要呢？我想，这是不言而喻的。父母的爱可以拯救一个孩子，无论这个孩子是不够自信，还是不够勤奋，甚至不够健全，只要父母有一颗无私对待孩子的心，有一颗愿意无条件相信孩子的心，就能让孩子成为世界上最幸福的人。

今天，我要与您分享的理念是，家长要充分地相信孩子，给孩子无私的爱，成为孩子最可靠的朋友。当孩子需要您的时候，及时地给予孩子支持，成为孩子的引路人，这样的教育，这样的家长，才是我们应该追求的。

父母对孩子的支持

父母的支持是很重要的。我们要知道，孩子是非常期望爸爸妈妈能在他们的学习生活当中助他们一臂之力的。哪怕家长不能给他实际的支持，但只要不吼他、不骂他、不侮辱他、不扰乱

他，并且试着做他的榜样，对孩子就非常有用。这种工夫一定要花在平时，不能临时抱佛脚。

我在我的直播间，帮家长们弄百日计划，家长们总问我是怎么跟踪的。我自己的话，是天天跟踪的。我们直播间的家长做得也都是很不错的，每天早晨6点被我折腾起来，跟着孩子一起学，这是很不容易的一件事情。这么不容易的事情，家长做到了，孩子会受益良多。一个孩子平时做不好，到了考试的时候是不可能做好的。只有平时做得好了，考试才能正常发挥，不然考试时紧张，还不如平时了。考试超常发挥的孩子是很少的，即使超常发挥，也是建立在孩子有实力的基础上。脑瓜子里啥都没有，如果考好了肯定是有问题的，父母更要重视，不要盲目高兴。

再举个我自己的例子。前两天，我回了一趟老家，和以前的老师们坐下来一起聊了聊天。在聊天的过程当中，我们老师就说："俊峰，好像你小时候不是这个样子的。"我说："那我是哪样子的呀？"老师说："你那时候从来都不怎么说话，虽然你当班长，但是你都不怎么说话。"我说："老师你没记错，我当时就是那样的。"我记得自己当时的想法，当时我不是不会说，而是我不愿意说。那时候的我觉得说多了没用，多听才是有用的。

那时候，我在别人眼里好像就挺怯懦的，看起来不愿意说话、不愿意表达，甚至我初三的时候，英语老师见了我爸妈都说，你看你家儿子就像个女孩一样，从来也不说话，那么腼腆。我爸就笑了笑。这件事到现在我都记得。

但是，我爸妈并没有因为我不爱说话就不接受我。我从来没

第四章
好父母是能接纳的，要给孩子无条件的养育

有听我妈说过，我家儿子像女孩似的。那个时候，大家是很刻板的，好像人家的男孩都是那样的，我就不太一样。但我妈妈没有认为我有问题，所以，我就真的没有出现什么问题。我现在竟然靠说话工作了，也算是靠说话为社会做了一点贡献。只要父母接受孩子，孩子就会越来越好。如果说今天的我有一点自信的话，80%的原因是我父母没有怀疑过我。

令人感动的爱

我还经常举一个例子。当时，这件事情对我的触动也很大。那是有一年的冬天，我刚开播不长时间，和小赵老师在办公室准备资料。这时，突然有人敲门。来人是一位母亲，问这里的领导在不在。我们问她有什么事，这位妈妈就把半个轮椅推进门来了，说是来求助的。

后来，我们把她迎进来了。这位母亲推着一个20多岁的孩子，说孩子得了脑瘫。孩子在轮椅上，手都是被绑着的。我们问为什么绑着孩子，妈妈说，冬天了，如果不绑着，他在轮椅上面来回动，就会冻着。我和这位妈妈聊了差不多半个小时。这位妈妈说，孩子从小就脑瘫，但是她特别不希望孩子就这样了。她说，孩子有时候还看直播，情感很丰富，只是不会表达。

当这位妈妈讲完孩子20多年的成长经历时，我得出一个结论，就是这世界上的妈妈对孩子的爱真是无私的。但是呢，特别多的人做反了。当孩子健康的时候，家长要求很高，把孩子逼得

有问题了,要求却降低了。孩子本来成绩考前10名,家长不满意,把孩子逼得不去学校了,家长的要求反而降低了。孩子本来很自信,家长还是诸多不满意,把孩子逼得不说话了,您又觉得只要能开口说话就行。所以说,人就特别奇怪,总有一颗不满足的心。

  为什么我们家长不能接受孩子的懦弱?很重要的一个原因,就是我们太容易和别人比较了,总想着拿自己的孩子和别人比一比,对不对?孩子是独一无二的。他"不听话",您觉得他没有别人家孩子乖;他"太听话",您觉得他没有别人家孩子自信。一直生活在"别人家的孩子"的阴影下的孩子,是没办法自信的。一定要比的话,您给孩子提出期望,让孩子自己与自己比,看看自己是不是进步了。

- 简单的事情重复做就是好习惯。
- 越听话的孩子越应该支持他,让他自由绽放。

第四章
好父母是能接纳的，要给孩子无条件的养育

心灵杀手：
威胁是伤害孩子心灵的第一大杀手

可以这么讲，据我多年的观察，威胁对孩子造成的伤害比打孩子还大。对于小孩子来说，父母说一句不要他们了，他们的天都要塌下来了。对于大一点的孩子来说，父母可能用更含蓄的方式表达威胁，比如用行动来表达：如果你做得不好，我就不爱你了。这样做，对他们的伤害会影响他们一辈子。

今天，我就和您聊聊，威胁到底是什么，有哪些您使用的威胁手段是您自己也没发现的，以及威胁这种管教孩子的手段对孩子有哪些危害。

威胁是什么？

我想举个夫妻之间的例子。有一类夫妻是这样的，只要发生矛盾就爱说，不行就离婚。我有个朋友和我说，他有个哥们儿只要和媳妇儿吵架就爱说，"不行就离婚，地球离了谁都转"，好像离婚成了个口头禅，结果真离了，这哥们儿很长一段时间"转"

不起来。其实很多人说离婚不是真的想那样做,只是想威胁一下对方,后来把威胁变成事实了。第一次说的时候,对方认为是你生气才说的,结果你说了一次又一次,每次都用这件事来威胁对方,最后对方说了一句"离就离",对不对?

现在,咱们来看,您和您孩子是不是也这样?您跟孩子说:"你再不听话,你就不要回家了,你给我滚!"结果,您家孩子真"滚"了,真不回家了。前两天,我看了一个视频,真的又生气,又同情。那个视频也是在一个直播间,有一个爸爸在找他家孩子,一个特别小的娃娃离家出走了。说让各位爱心人士转发一下,希望能找到儿子,谢谢大家了。您看,这么小的孩子就离家出走了,现在类似这样的事还少吗?为什么出现这样的事情?其中一个原因就是,父母经常威胁孩子,总说如果孩子怎样怎样就不许回家了。孩子有时候真是被威胁走的。

"你再不听话,我就不要你了!"这话耳熟不?您肯定不是这样想的,就是嘴上狠。孩子真的走了,您比谁都怕,对不对?所以,家长不要在嘴上威胁孩子,教育孩子要晓之以理,动之以情,包括我在直播间反复提及的"家规",都是好方法,威胁孩子是最无能的家长才做的事。

威胁,只会把亲子关系越弄越僵

我再举个例子。有个妈妈和我说,她家孩子3岁,特别热衷于把成卷的卫生纸扔进马桶里。为了制止她,这位妈妈已经威胁

第四章
好父母是能接纳的，要给孩子无条件的养育

孩子很多次了，她生气地大喊："你再把卫生纸扔进去，就去墙根儿罚站！"或者是："你再把卫生纸扔进去，就不要吃饭了！"孩子低着头，默默不语，甚至有时会掉几滴眼泪。可是，第二天早晨，爸爸发现孩子又把卫生纸扔进了马桶。

这是为什么呢？为什么就是不听话呢？是孩子太小吗？不，孩子在故意重复。当然，她并不是有意识地在重复这个行为，而是父母越说"你不可以这么做"，孩子越要通过行为告诉父母"我可以"！有时，妈妈气急了，真的会让孩子去罚站，但即使如此，孩子依然故我，会再一次把卫生纸扔到马桶里。

而且孩子总是在模仿父母的行为。我给大家讲一个案例。有一个爸爸是外卖小哥，总嫌弃他上高中的儿子不够努力，说："你都上高二了，怎么还是这个样子啊？你就这样，你看你能对得起谁？你看人家×××，每次都在进步。家长会的时候，老师每次都会夸奖人家，而你呢？我给你开家长会，我丢尽了人。"这回这位爸爸又这么说的时候，正好是快过春节了。孩子在这样强大的压力和这种语言暴力下，实在忍无可忍了。孩子说："快过春节了，人家家里面都在收快递，就你还在送快递。"孩子当时说完以后，爸爸也是哑口无言。

当然，孩子不应该这样说家长，但是，孩子也不是无理取闹。这个对话反映出什么呢？就是孩子会模仿家长对待他的方式来对待家长。您用什么样的态度对待孩子，孩子就会用什么样的态度对待您。这样下去，终有一天孩子离您越来越远了，您才发现是您在一直把孩子往外推。

觉醒的父母
理念篇

杰出的教育家马卡连柯曾说:"生活中的每一件小事,每一次随便的闲聊,每一个平常的举止,每一个不经意的眼神——在父母的不知不觉中,都可能对孩子产生重要的影响。教育其实存在于构成孩子生活环境的方方面面。孩子若生活在批评中,他就学会谴责;孩子若生活在接纳中,他就学会仁爱;孩子若生活在分享中,他就学会慷慨;孩子若生活在公平中,他就知道正义;孩子若生活在诚实中,他就懂得什么是真理。"所以,我常说,育儿是一场修行,养的是孩子,修的是自己。修的是自己,修什么?修自己的心,修自己的行,修自己的嘴。您的一言一行都对孩子影响很大。

话说回来,威胁孩子只能让孩子发展出更强烈的反抗情绪,并且不断挑战家长的权威。像刚才我提到的那个例子,孩子不断地把卫生纸扔进马桶,就是在反抗父母而已。孩子是很有反抗精神的,她的行为像是在说:"我做一些你不让我做的事,你就能注意到我。"然后,当妈妈连续威胁她之后,她又用行为告诉妈妈:"如果你有权力威胁我,那我也能伤害你!"然而,我们都知道,这种折磨对大人来说更可怕。因为,孩子比大人更有耐力,办法也更多,他们一定会胜利的。

您可能会为自己找借口,您已经尽了最大的努力,您甚至为子女牺牲了自己的事业和发展。但是,您却在日常小事上不愿意花费更多的心力,甚至觉得孩子受到惩罚才长记性。事实上,家长们必须明白,您想将自己的意志强加给孩子是不可能的,想依靠惩罚更是不可能的。无论是怎样的变相惩罚,都不可能得到孩

第四章
好父母是能接纳的，要给孩子无条件的养育

子持久的服从。尤其是现代社会的孩子，得到信息的渠道千变万化，在我们难以控制的地方，他们已经生长出了很多独立思考的能力。因此，现在的孩子们宁愿受到惩罚，也要维护自己作为一个独立的人的权利。

实际上，威胁孩子是伤害亲子关系的错误养育手段之一，也是最严重的错误养育手段之一。这种方式会给孩子造成精神上的不安。孩子的心里不安，就会萌发出许多其他问题，最终让一切适得其反。家长们完全可以用更好的方法激励孩子，让孩子们听得懂自己的要求。家长要创造出相互尊重、相互理解的家庭氛围，让孩子明白如何和家长一起和谐地相处。家长不要滥用自己的特权，因为一旦家长使用这种特权去惩罚孩子，势必就会激起孩子的反抗。显然，这不是您想要的结果。

峰哥语录

- 糟糕的父母每天只会挑孩子的毛病，不会反思自己。
- 父母应敞开心扉、闭上嘴，让孩子把自己最真实的一面展现给您。这才是智慧的父母、负责任的父母该做的事。

面子问题：
家长最不应该在意的事儿

我记得有一次，有位家长跟我说，她家孩子那天特别生气，因为幼儿园说好的儿童比赛，家长不能插手，结果到真正比赛的时候，最后班里却有好几个小朋友的家长都上去帮了忙。本来，她家孩子一直是领先的，但是，由于最后有几个家长的参与，她家孩子便没有取得名次。那天，孩子特别生气，这位妈妈也特别生气。这位妈妈就问我，是不是那几个家长不对，破坏规则。

我说，是的，他们不仅破坏了规则，而且让孩子觉得凡事可以不靠自己。最严重的是，家长可以一次为了面子而破坏规则，就可以有第二次、第三次，而爱面子的家长对孩子的伤害非常大。要想培养孩子，就得舍得您的面子，孩子才能真正成长。我常在我的直播间讲"三次家长会的故事"，每次讲都有家长感动得流泪。我今天也分享给大家。

第四章
好父母是能接纳的，要给孩子无条件的养育

三次家长会

这个故事讲的是一位妈妈给孩子开家长会，第一次是在孩子上幼儿园的时候，幼儿园的老师对这位妈妈说："你最好带你家孩子去医院看一看，我发现你家孩子有多动症。"在回家的路上，妈妈掉下了眼泪，妈妈心想，孩子怎么会是这个样子呢？回到家以后，儿子问她老师说了什么，这位妈妈说："老师说宝宝原来在板凳上连一分钟都坐不了，现在可以坐三分钟了。"儿子那天多吃了半碗米饭。

第二次是在孩子上小学的时候，老师跟这位妈妈说："全班50个同学，你家儿子排第49名，我建议你最好带他去医院看看。我发现他的智商有点问题。"这位妈妈走在回家的路上，百感交集，又一次掉下了眼泪。回家以后，儿子问他老师说了什么？这位妈妈说："老师夸你了，说如果你努力的话，一定可以超过你的同桌。你的同桌这次在班里头排35名。"孩子黯淡的眼神一下子有了光亮。

第三次是在孩子上初中的时候了，老师什么都没有说。这位妈妈就主动问老师她家儿子状态怎么样，老师说："你家儿子考重点高中的话，还是有点危险。"走在回家的路上，妈妈感到很欣慰。回到家之后，儿子问他老师说了什么？这位妈妈说："老师说你只要努力，考重点高中很有希望。"又过了3年，孩子高中毕业了，考取了清华大学。儿子看到通知书的时候，兴奋得不

得了,关上门在卧室里面哭了起来。儿子跟妈妈说:"妈妈,我知道这个世界上没人欣赏我,只有妈妈你欣赏我,是不是?"

当家长摆脱了面子的束缚,真正的教育就开始了

我认为,这位妈妈摆脱了禁锢着很多家长的面子问题。其实,只有真正耐心地培养孩子,丢掉面子,最后才能拾起面子。多动症、智商有问题、考重点高中很危险,这些都是老师的判断。当然,我不是说老师的判断都是错误的,但是,老师面对的是全班几十个孩子,并且只能基于孩子在课堂上的表现,甚至是在他自己课堂上的表现做出判断。这个时候,作为家长要尊重老师的建议,多多观察孩子,看孩子是不是需要更专业的医生介入。但是,从另一方面来说,也要对孩子有信心、有耐心、有爱心。这位妈妈把老师的话听进去了,否则不会在路上忧心忡忡,掉下眼泪。但是,她没有把这种情绪带给孩子,而是耐心地陪着孩子成长,不断鼓励孩子。因此,孩子最后才能一步一步成长,走进清华大学。在这个过程中,孩子也看到了妈妈的用心。可以说,父母对孩子的信心,对孩子学业的成就、人格的发展都是至关重要的。孩子知道妈妈欣赏他,那么,他遇到什么困难都不会害怕。

有些家长不是这样的,他们因为孩子成绩不好,害怕开家长会,害怕被老师批评,总觉得丢人。因此,家长会之后,也从来不会留下来与老师交流一下,偷偷地就溜走了。您看看,您是爱面子的家长吗?好多家长说,我无所谓,我这人最大的优点就是

第四章
好父母是能接纳的，要给孩子无条件的养育

对面子无所谓，是什么样就是什么样。其实，爱面子的家长，有的表现得比较隐性。在我的直播间，常有家长询问：孩子特别在意别人的看法怎么办？别的同学一说孩子点什么，孩子就特别接受不了，作为家长该怎么引导？

首先，咱们要肯定家长能够提出这个问题，说明家长自己有思考，不是一味地去指责孩子。但是，我必须说，孩子特别在意别人的看法，大概率的原因是家长不够相信孩子。您还是因为面子的原因总是希望孩子成功。您要能够相信他，孩子的自信源自家长对他的信心。从今天开始，我们能不能做到不指责？我们能不能做到不抱怨？我们能不能做到不要总说孩子不行？为什么今天孩子很在意别人的看法，因为父母就很在意孩子的表现。您只想看到孩子好的那一面，而不想看到孩子不够好的一面，是不是？您试着反思一下是不是这样的？您只希望孩子赢，而不希望孩子输；哪怕孩子赢了100次，而只输了1次，您也会不高兴。这就是最大的问题。

所以，孩子这么敏感的原因是什么？是您让他输不起了。凡事有输就有赢，没人可以一直赢。父母眼睛里总看到别人家的孩子怎么那么优秀，这是最大的误区。事实上，必须让孩子有输的机会，让他能够接受自己输的事实。只有这样，他才能成长，才能在未来的社会生活中更好地生存。要是一个孩子总赢，父母甚至应该制造点机会让他输。一个孩子一直考第一名，绝对不是一件好事。

我总是强调，凡是父母能够不断给孩子力量的，孩子就不会

太在意旁人的看法。我自己就一直是这样做的，无论孩子做成什么样，我都相信他。我家儿子每天早晨打篮球，因为我早晨要直播，我就让他在一个篮球俱乐部里面打。他每天自己骑着自行车去打篮球，有一次回来跟我说，他们打比赛了，他们小组赢了。我说："是吗，几比几赢的？"他说是6：0，还兴奋地说，6个球都是他进的。我听了当然非常高兴，他是他们组年龄最小的。我说："儿子，你真棒！但是，如果你们是0分，人家是6分怎么办？"他说："那也没事，我就自己再努力。"您看，这就是他已经足够自信了，就不在意别人的看法和评价了。因为我们从孩子很小的时候开始，就从不以输赢论短长，一直鼓励他。现在，他就既能接受赢，也能接受输。

其实，家长要明白一个通俗的道理，这个世界就是"人外有人，山外有山"。您家孩子在班级能成为第一名，在小学能成为第一名，甚至在市里、省里都能成为第一名。但是，没有人能够永远是第一名。总有一天，他去到更大的世界、更大的舞台，会看到比他优秀的人。这个时候，他怎么办？我们要从小就引导他，明白比自己优秀的人永远存在。您告诉孩子，你成功了我能接受，失败了我也能接受，哪怕是倒数第一名，咱们也要接受。重要的是，接受之后如何改变现状，一点点地进步。现在，孩子跟同学发生矛盾了，同学说他什么了，他特别在意了。您要用这种方式和他分析，孩子就能强大起来。更何况，在意别人的看法，证明孩子是有上进心的，没有破罐子破摔，对吗？让孩子经历一些事，让他自己去处理，不能因为您的好面子，而耽误了孩子成长

第四章
好父母是能接纳的，要给孩子无条件的养育

的机会。

有时候，您觉得养孩子累，其实最大的压力不是来自孩子，而是来自您的同龄人，这叫"同辈比较"。现在，很多家长都是"90后"了，从小被"别人家的孩子"伤害到大，这是您原生家庭的问题，您的父母从小就拿您和别人家孩子比，比学习成绩、比工作单位、比结婚对象、比房比车比孩子。久而久之，您也这么想了。您要孩子的时候，可能还没想清楚为什么要孩子，就觉得别人有的我也得有。等您的孩子开始上学，您也开始比了。于是，在孩子成长的道路上，有些家长让孩子成为自己争面子的工具，有些家长为了自己的面子，不顾孩子的成长规律。这些做法都会害了孩子，让孩子变得浮躁，成为工具人。

家长要记住真正的教育，都需要放下面子。尊重孩子自己真实的想法，充分给予孩子时间和空间。您可别为了自己的面子，耽误了孩子的成长啊！

峰哥语录

- 做好我们自己该做的，让孩子成为他最好的样子，就是这一生最棒的教育。
- 孩子对父母的爱，是最纯粹、不掺杂任何条件的，别再用最糟糕的方式，伤害那个最爱您的孩子。

擦亮眼睛：
您有没有把自己的欲望投到孩子身上

人们都追求幸福，幸福是什么？当今世界，技术飞速发展，的确容易让人眼花缭乱。所以，很多时候我们以为自己在追求幸福，实则只是在填补我们的欲望。在这里，我有个观点想和大家分享一下。我认为，真实的情况是欲望减少一点，幸福反而增多一点。

您看，您家今天买了一辆50万的豪华小汽车，觉得自己很了不起了，觉得自己开的是豪车。但是，还有人开500万的车呢！这时，您就觉得自己50万的车也不算什么。但是，当您又看到有人开5万的车时，您就觉得自己很厉害。我想问您，这种感觉是幸福吗？基于这种比较而发生的类似幸福的感受可靠吗？我可以肯定地说，基于这种比较获得的虚假的幸福感不会长久。

您是对孩子的期待高，还是自己的欲望得不到满足？

我举了汽车这个例子，是想说这与您对孩子的期望是一样的。孩子考了99分，他回家说："我好高兴啊！"爸爸说："怎么

第四章
好父母是能接纳的，要给孩子无条件的养育

高兴了？你们班有几个考 100 分的？"这个时候，孩子开心快乐的状态一下子没了，孩子向后撤了一步，说："我们班有 5 个考 100 分的。"爸爸这时候说了一句致命的话——5 个考 100 分的，你 99 分有什么可炫耀的？

我想和您一起思考一下。无休止地追求孩子成绩的排名，真的只是希望他成绩好吗，还是您只是想像炫耀小汽车一样，在哥们儿弟兄面前炫耀自己孩子的成绩呢？您觉得不够幸福，多么希望您家孩子也考满分。其实，这可能只是您的欲望没有被填满罢了。不是生活没给我们幸福，但我们如果不节制自己的欲望，就永远不可能幸福。

懂得幸福的人，他不是这样想问题的，他首先看到孩子高兴的状态，首先要给孩子一个回馈，告诉孩子你太棒了，你是我们家的骄傲，这是你努力的结果。然后，再和孩子分析那一分丢在了哪里，这是另外一个具体的问题了。您当然在分析过后，鼓励孩子下次考 100 分，并且给他继续努力的动力。您可以说，相信他下次一定可以发挥出更好的水准，不会因为马虎或者是知识掌握不牢等原因丢掉分数。您看，一个是带着自我炫耀的欲望，一个是想帮助孩子解决问题。用这样不同的方式来引导孩子，结果也一定会截然不同。

我曾看过一则新闻，让我内心无比的伤痛。这则新闻讲，姐弟两个，一个 12 岁，一个 10 岁，一起跳楼自杀了。为什么？孩子说，我觉得好累，永远有一大堆作业没写完，语文、数学、英语都有很多作业，无论我怎么努力，我永远有写不完的作业，我

好想安静地睡一会儿,可是作业写不完,作业只会越来越多。老师会批评我,全班同学都笑话我,这样什么时候是个头?我累了,我想永远地睡下去。对不起,爸爸妈妈,我们走了。

当然,我在这里讲这样的新闻,不是为了吓唬大家,也不是说就让您不要管孩子了,而是希望您可以用一种更恰当的方式来引导他,让他学会自我管理。很多时候,我们希望孩子成为我们希望的那个样子,希望他是第一,都是为了满足自己的欲望。所以,您对孩子一直都不满意。但是,每个孩子都有自己的天赋和特点,不是每个孩子都那么适应现在的教育体系。只要孩子能尽自己所能,为自己找到一个未来喜欢做的事情,并且可以安身立命,就很好了。当一个孩子没有能力达到您的要求时,您还不断地把这种压力压在他身上,他一次又一次地受到这样的压榨,会非常难受。

面对孩子的一些失败,家长一定要管好自己的脸,管好自己的嘴,管好自己的情绪。您告诉孩子,失败不可怕,站起来往前走就有机会。有特别多的孩子因为老师的一次批评、家长的一次指责,最后不想上学了。家长控制不了自己的情绪,一次又一次地伤害孩子,为什么?因为我们的欲望没有降低。教育的最终目的,不是把您家孩子教育得像别人一样,而教育得成为他自己真正的样子。

让孩子找到自己真正的幸福

艾莉森·高普尼克在《园丁与木匠》中曾表达过这样的见解,

第四章
好父母是能接纳的，要给孩子无条件的养育

他认为孩子不是一块千篇一律且任人雕琢的木头，他们既有所有人类都有的共同需求和旺盛活力，又是生下来就有自己独特性的小生命。我们作为家长，理解什么是独特的，什么是不同的，是一切教育的前提。幸福是什么？就是让孩子成为自己。孩子与孩子的不同，就像食肉动物和食草动物的区别那么大。您把植物给了食肉动物它是不吃的，您把肉给了食草动物它也是不吃的。那么，如何让孩子成为他自己呢？

我想，一个生活在有形和无形的压迫中的孩子，是没法成为他自己的，而孩子在成长过程中所遭受的这种压力，往往是由于家长无止境的欲望造成的。所以，我才花了一些篇幅和您聊聊，到底什么是欲望，什么是幸福。咱们家长千万不能错把欲望当目标，错把满足欲望当成追求幸福。家长可能无论如何都看不到孩子成长中那些珍贵的过程，那些只属于他自己的特质。

作为家长，我们要时常提醒自己不要去把自己的想法强加给孩子，而是只管把自己的爱当作肥料，静待花开。如何建构自己的生命，如何选择自己的生活，这是孩子自己的权利，我们该把这个权利还给孩子。在这个过程中，因为家长天然具有特别强势的地位，所以更要小心翼翼，甚至战战兢兢。只有如此，孩子才有可能成为他们自己想要成为的人。我为什么强调这一点？因为孩子成为他自己，才能成为一个完整的人，也才找到了自己的幸福。这是孩子作为一个独立的生命的价值和意义。为了孩子的幸福，家长这样小心地呵护是值得的，克制自己的欲望也是值得的。

觉醒的父母
理念篇

如果没有了这种呵护，那么家长就会让自己的欲望占上风，可能是希望孩子为自己光耀门楣，可能是希望孩子完成自己年轻时未完成的心愿。如果真的爱孩子，就要真诚地理解孩子、帮助孩子，就不能让这种把孩子当作工具的事情发生，让养育成为机械的、冰冷的手段，最终制造一个我们觉得还不错的产品。当您明白了这个道理，其实一切方法都变得不再重要，让您和孩子联结起来的不是别的，只有爱。

蒙台梭利家庭教育在诞生百年之后，得到了国际上普遍的推崇和认同。其中，让孩子成为他自己，几乎成了一个标语。我对这一提法，深以为然。在孩子的成长过程中，父母始终是孩子的协助者和引领者。我们不能把自己的欲望强加给孩子，不能让孩子在成长中感到被忽视，不能要求孩子是完美无缺的。只有我们扮演好了自己应该扮演的角色，孩子的独一无二才能成为他幸福的源泉。让孩子成为他自己，是我们教育的最终目的。

峰哥语录

- 面对千差万别的孩子，无论父母如何精密地筹划，都无法筹划出孩子的美好未来。
- 人的一生活出自己的样子是最美好的事情，让孩子做自己。

学业问题：
看重孩子的学习能力，而不是学习成绩

终生学习已经是这个时代的一个标签，无论是对家长，还是对孩子。我们终此一生都需要不断地学习。也就是说，我们现在不可能只在学校学习，等学生时代过去就万事大吉了，那是不可能的。

《学习力》的作者哈佛商学院的柯比教授曾说，大部分学校是在岸上教学生这样游泳，或是直接跳进水里和学生一起游泳，而哈佛是把学生直接扔进水里，让孩子们自己学游泳。那种自己学会游泳的技能叫"学习力"，包括学习动力、学习态度、学习方法、学习效率、创新思维、创造能力。既然如此，今天的家长过分关心学习成绩，而不在乎孩子的学习力，就不是在帮助孩子了。因为，过分在乎学习成绩可能会损害学习力。

学习成绩好不代表学习能力强，比起学习成绩一时的高低，我们家长更应该在乎孩子学习能力的培养。学习能力培养好了，学习成绩的提高是自然而然的事。

"双减政策"之后,孩子的学习成绩下降了

我知道,"双减政策"之后,很多孩子的学习成绩下降了。但是,有些父母似乎并不着急。在他们的解读下,"双减政策"就是说明学习没那么重要,这可就大错特错了。难道"双减政策"后,孩子就不学习了吗?显然不是的。时代在变,教育越来越个性化。今天,关于教育孩子,拼的一定不是您家孩子上了哪所好学校,拼的是什么?是孩子的学习能力。那么,为什么那么多孩子学习成绩都下降了呢?

第一,上课不认真听讲,成绩一落千丈。学习的主要场所在哪里?在课堂上。那么为什么孩子不认真听呢?孩子一心二用了,甚至一心多用了。有的家长说,我家孩子在学校上课,我也干涉不了。听好,您能干涉,至少您要让孩子快快乐乐进入学校。有的父母在家营造了一种糟糕的氛围,孩子出门之前,您和他总是发生冲突,搞得他心情很急躁,搞得心情很乱。您唠叨个没完没了,孩子每天憋屈地进入课堂,他能听好课吗?

第二,没有学习规划,就会效率低。为什么孩子没有规划?因为孩子的能力有限,不会制订学习计划。这时,如果孩子还在小学阶段,家长可以帮助孩子与他一起制订计划,如果孩子已经上了中学,家长就要督促指导孩子制订计划。在制订计划的时候,要尽量多地考虑各方面的影响因素,对学习时间、学习难度都要有所考虑。

第四章
好父母是能接纳的，要给孩子无条件的养育

第三，只顾做题，没时间思考。一个只顾苦苦做题的学生不一定是好学生。我常给大家讲的案例是，有个孩子答题，别人用1个小时，他用4个小时，结果他考上了清华，为什么？因为，他说他从高一开始，就要求自己吃透每一道题。什么叫吃透？这道题用了哪些知识，他都反复思考。等到了高三，当别的同学辛苦做题的时候，他反而很轻松。

第四，学习过程没有条理。孩子在写作业的过程当中，打草稿打得乱七八糟，扔得到处都是。其实，打草稿就是在考试，从孩子打草稿的过程当中，就能看出他的学习习惯怎么样。我见过一个学生，打草稿时会把草稿纸一分两半，比作业还写得整齐。果然，这孩子是全校第一名。这个孩子把草稿纸弄得整整齐齐，这就是有条理的学习习惯。有些孩子考试丢分，就是写字潦草导致的。很多父母根本不关注这个，就看孩子写在纸上的对不对。其实，小事都做得稀里糊涂，大事能做好吗？所以，家长千万要关注，这是根本：孩子写在纸上的每一个字都在体现他的学习习惯。

第五，做事毛毛躁躁，会的地方也答错。孩子草草地完成作业，最后出现了大量的错误，下次做的时候还会错。孩子为什么需要弄错题本，错题本的目的就是让孩子学会反思，要定期去查阅，定期纠正。千万不要去幻想学习中有捷径，浮躁是学习的大敌，而浮躁的孩子可能是习惯了临时抱佛脚，或者习惯了只学习"有用的"知识，这同样是终身学习的拦路虎。

第六，不注意劳逸结合。孩子只要有点时间就学，最后都蒙

觉醒的父母
理念篇

了,越蒙思维越不清晰。有的孩子成绩不好,不是不用功,是不懂得劳逸结合。另外,不懂得思考,天天闷头学习也不行。实际上,有一种学习叫假学、假努力。什么意思呢？孩子本身不想学,一直低着头在学,实际上都没往脑子里进。

全家一起学习，培养孩子的学习能力

没有一对一了，没有封闭班了，那现在拼的是什么？是您家孩子在一个什么样的家庭氛围当中。父母也要不断学习，才能跟得上社会节奏。今天您不学习了，孩子也会退步。这个世界上，只有一件事儿只赚不赔，就是学习。您不能等着，等着明确知道学习有什么用的时候再学习。最直接的后果是，父母要是跟不上时代了，孩子往往也会脱离社会正轨的。按照学习力的组成要素，我们也要从以下几个方面培养孩子的学习力：

第一，在过去，我们80%的知识是在学校学习的，剩下的20%是在工作中因为需要学习的。现在则不是，一个读了十几年医学的毕业生，如果他选择了一个新兴的科研领域，那么，可能一切都要从头开始。所以，我们一生都要踏实地学习。其实，我们做的一系列动作，有个最终的目的，就是"学习使我快乐"。我知道这很难，但这是我们努力的方向。学习是一项可以给人们勇气和灵气的活动，让我们可以对抗平庸的生活。

第二，据说哈佛大学有一个大家公认的学习定律，即"$W=X+Y+Z$"（成功=勤奋学习+正确方法+少说废话），勤奋排到了第

第四章
好父母是能接纳的，要给孩子无条件的养育

一位。"苦读"似乎是个很古老的词了，学习这件事在任何时代都离不开"苦读"。要不怎么说，越是顶尖名校，越是得浴火重生才走得出来。这么苦的差事，没点兴趣、没点心流体验怎么行？所以，培养学习兴趣真是至关重要。

第三，当然，学习方法也很重要。我们常说的专注，能够帮助孩子更好地整合知识，当孩子专注到忘记专注了，他就找到了学习最基本的方法。学习要有计划也是从古至今都为人们所用的、效率极高的方法，在制订计划时，我们要有明确的目标和做事的方法。当然，也要注意循序渐进，不要一天学 10 个小时，而是一天 1 小时，连续学 10 天，来得效率高。各门功课的相互搭配也是如此。

第四，不要追求那些所谓的"快速学习法"，快速的事都不太对。只有老老实实地、一点一滴地精进才是学习的真谛。始终保持轻松愉快的状态，才能获得好的学习效率。有些孩子和我说，用"手账"是提高效率的好办法。因为，现在的"手账"里都有时间轴，可以把自己什么时间做了什么事都记下来，用来了解自己每天的 1 000 多分钟都干了些什么，自己可以接受用多少时间来学习，以及最终用在学习上的时间是多少。

我认为，学习能力远比学习成绩更重要，我们与孩子一起学习，这样双方不会受到无关因素的干扰。久而久之，您的家庭当中有学习氛围了，孩子的学习能力自然会逐步提升。

 峰哥语录

- 一次考试的失败不能只换来眼泪,这是对你学习的压力。用力挤一挤,你的学习能力就有了。
- 只要家庭的氛围好,不用担心孩子的成绩。因为,您已经为他创造了良好的环境。

第五章
好父母是有界限的，
与孩子建立亲密且健康的关系

学会放手：
把自我管理的权力还给孩子

尹建莉在《最美的教育最简单》中曾提到过这样一个案例：一个三四岁的小孩，很爱吃糖。她的妈妈怕孩子吃糖太多会有龋齿，就严格控制数量，并把糖筒放到高处，不让孩子够得到。可是，这种方法适得其反，家长发现孩子会自己登高去"偷"糖，并且"偷"很多。于是，这位妈妈跟孩子谈了一次话，她没有提"偷"糖的事，只是让孩子自己管糖筒，想什么时候吃就自己去拿。没想到，从此以后，孩子反而按照妈妈规定的数量，一块都没有多吃。

尹建莉通过分析这个案例告诉我们，"一个没有机会进行自我掌控的孩子，不可能学会自我控制。一个不被信任、总是被当小偷一样提防的孩子，很难发展出诚信、自尊的品质"。在书中，家长把管理糖筒的权力从自己手上移交到孩子手上，这是一个再简单不过的生活小事件，却是一个教育大事件，它告诉孩子，你不必是家长的"臣民"，你是自己的主人。

今天，我想与您分享的就是，如何把自我管理的权力还给孩子。这个问题讲起来可能很大，所以，我想通过一个小的切入点，

第五章
好父母是有界限的，与孩子建立亲密且健康的关系

与您探讨这个问题。

我们很多家长都头疼孩子写作业的问题，孩子每天回来写作业写到晚上 12 点，我们家长在旁边陪到 12 点，孩子状态差，家长心情焦躁。应不应该这样去做？要如何解决这个问题？如果不陪着孩子，让孩子怎么去做？

这里面涉及两个问题，一个是学习习惯和心态的问题，一个是学习时间管理的问题。帮孩子把这两个问题处理好了，您就不用天天陪着孩子了，孩子累，您也累。

学习习惯和心态要从小培养

我认为，凡是幼儿园留作业的，都不是什么好幼儿园。上小学前的孩子会玩就行，越会玩，孩子未来越有发展。当然，这是我的一家之言。

但是，即使是像我这样主张孩子多娱乐的家长，等孩子上了一年级，也要赶紧给自己下达任务，赶快开始帮助孩子在学习上建立一个良好的心态。学习心态越好的孩子，未来越有竞争力。尤其是上了初中之后，自我管理能力越强，学习心态越好，越能坚持的孩子，竞争力就越强。

所以，我的建议是，家长在孩子还小的时候，不要过于逼迫孩子，今天您家孩子考了 100 分，不代表以后就是优秀的学生。我们知道，对于每个人来说，时间是公平的，学习任务量是公平的，那么，在单位时间内的产出是多少，就决定了孩子最终的成

绩。为什么说在小学培养好心态这么重要呢？因为小孩子自己的思想还不够成熟，他的想法受身边人的影响较大，他的做法，往往是模仿身边人的。因此，在孩子小的时候，一定要让他养成好的习惯，家长也要身体力行。比如说早睡早起，比如说上课与老师互动，比如说每天认真完成作业。

这个时候不要太较劲，坚持做就行。这些习惯养成了，到了初中阶段，家长在这些方面就可以放手了，孩子已经学会自我管理了。在这个过程中，家长如果不断谴责孩子，特别是对孩子过度控制，孩子就会不知所措。当孩子不断地听到"坐直""把胳膊肘从桌上拿开""别碰""现在就给我……"等命令的时候，会陷入巨大的焦虑之中。他的压力系统一直处于活跃状态，他是警觉的，同时又是麻木的，因为他不知道做什么是对的。

还有一点，我们培养孩子良好的学习习惯和心态，不是那么容易的，不是一蹴而就的，需要日积月累的努力。那么，家长千万不要为了图省事儿，一到寒暑假就把孩子扔到爷爷奶奶或者姥姥姥爷家不管。孩子跟着老人一个假期，足以把习惯都破坏了。一个假期都是晨昏颠倒、肆意玩耍，结果放假回来了，家长希望孩子马上进入学习状态，他能进入吗？但这种时候，家长往往就吼他：玩了一个假期了，还不好好学习，你究竟想干吗？

我的建议是，尽量不要让孩子整个假期都跟着老人，放松一个星期是可以的，但要赶快回到原来的学习状态。如果说，家长确实没有这个条件带孩子，那么就要和老人说好，把孩子的假期安排好，否则，假期结束，孩子进入不了学习状态，您还可能和老人产生矛盾。老人心情不好，您心情也不好，孩子心情更不好。

到了初中，家长的重点就变了，这时候最重要的是关心青春期孩子的情绪了。这里我要多说一句，青春期孩子的情绪非常重要，它会影响到人的一生，这个关键点是人生的重要转折。如果一个孩子到了这个阶段，留下一些创伤，未来想要幸福，就需要比别的孩子付出加倍的努力。

所以，这个时候，家长切忌把手伸得太长，让孩子拥有一个自我发挥的过程，不要天天跟孩子闹别扭。您与孩子闹的别扭越多，孩子的创伤可能就会越多。孩子的学习当然重要，但是孩子的人格健全更重要。家长不要伤害孩子，尤其不要伤害孩子的心灵。伤害孩子身体的是手脚，伤害孩子心灵的是语言。有时候，家长打孩子，对孩子的伤害还不一定那么深，而你挖苦他、指责他、看不起他，对他的心灵伤害是最大的。

时间管理有技巧

孩子有了良好的学习心态，情绪也很积极向上，但是，有些孩子还是完不成学习任务，这是为什么呢？可能是专注与效率出了一点问题。

有人曾经做过一个实验：找四个超级大力士来搬一卡车的水泥袋子。第一种方法：一口气要把水泥袋子全搬完，他们用了 2 小时，他们累得一个个坐在地上都起不来了。第二种方法：以半个小时为一个时间段，搬半个小时，就休息一会儿，花 5 分钟喝

点水,然后再搬半个小时,结果发现他们 1 小时 40 分钟就搬完了,比第一种方法节省了 20 分钟,并且他们搬完以后,每个人都没感觉那么累,还站在一起聊天儿呢。

那么,为什么同样的任务量,中间休息了,这个状态就会更好,效率就会更高呢?实际上,第二种方法就是把这个大任务分解了,分解成小任务,这样的话他们就会轻松很多。

我还喜欢举马拉松比赛的例子。在日本有这样一个人,他每一次马拉松比赛都能得冠军,连续几年都得冠军。后来,记者就采访他,问他为什么这么厉害,跑马拉松有什么诀窍。他说,他的秘籍就是,每次参加马拉松之前,他都先开着车,把这个路线走一遍。然后,他就把几十公里的路线,分成若干小段,比如说他看到的第一个电线杆,就当成是他的小目标。他就告诉自己,他要全力跑到电线杆那个位置,等跑到电线杆了,他就把下一个小红房子当成目标,等跑到那小红房子跟前儿,下一个目标是一面红旗,那就朝红旗方向跑。把这么长的路线都拆解成小目标,一个一个往前跑,就会感觉状态很好,最后就得了冠军。

把大任务拆解成小任务,把大目标分成小目标。在这里头全力以赴,静下心来,你的效果就会好。非常流行的番茄工作法也是这个原理,你定好 15 分钟,或者你觉得合适的一个时间段,然后到了这个时间就必须休息。这样休息完以后,才能更好地进入学习或工作的下一个阶段。

给孩子讲通了这个道理,关于专注和效率的事情,我们就逐渐放手给孩子做,我们主要是培养孩子的生活习惯、学习习惯,而不是作为"牢头"看着他学习。

渐渐地,家长就会发现,我们不需要花任何精力了,孩子自己就能把自己的学习任务和生活作息安排好。家长越看着他,他依赖心理越重。把自主权交给孩子,只有自律的孩子才会自由。如果孩子能够真正地按照拆解任务的方法坚持下来,就会发现学习是人生当中最快乐的一件事情。

很多家长担心,我把自我管理的权力还给孩子,孩子会不会"长偏"?事实是,不被限制自由的孩子,都不会轻易地被坏的事物诱惑。反而是平时被禁锢的孩子,一旦离开家长的视野,叛逆心起,会迅速"长偏"。

我们为人父母者,需要明白一个道理:我们不是孩子的"牢头",也不是孩子的"主人"。一个永远被监督和控制的孩子,一个没有得到过信任的孩子,会缺乏自尊感和责任感,并且很难生长出自我管理的能力。大教育家陶行知先生也曾提到,"失去自由,不能成人"。把自我管理的权力还给孩子,无论是对于孩子,还是对于家长,都是百利而无一害的做法。

峰哥语录

- 负责任的父母会在孩子童年留下美好回忆,不负责任的父母会给孩子童年留下永久伤疤。
- 不是孩子出现的问题太多,是父母的教育方法太少。

允许犯错：
允许孩子跌倒，做孩子成长路上的陪伴者

在传统的养育中，家长和孩子总是站在不平等的位置上，家长自诩是孩子的监督者。所以，家长从来不肯让孩子有任何闪失。在大人眼里，孩子总在不停地犯错，为了不让他们长歪，家长就一直盯着。孩子们一旦犯错，家长立马出来纠正。

但是，据我观察，孩子摔一摔，以后走得会更稳。因此，我就来谈谈"允许孩子跌倒"的教育理念。我建议，所有家长都要勇敢地给孩子"跌倒的权利"，让他们去经历。那么，家长做什么呢？在孩子这条跌跌撞撞的成长之路上，家长要去努力成为他们贴心的陪伴者。

先别着急把孩子扶起来

30年前，您要是看见哪个家长看见孩子摔倒了，却不去把孩子扶起来，八成觉着这家长不行。但是，现在不一样了，一些更先进的教育理念已经非常深入人心。比如，我刚刚说的对于孩子

第5章
好父母是有界限的，与孩子建立亲密且健康的关系

跌倒的处理，过去的家长都不那么懂得教育，孩子摔倒了，就会赶快把孩子扶起来。现在呢，大伙基本上都稍微懂点教育了，会跟孩子他说："没关系，爸爸/妈妈相信你能爬起来。"再比如，现在孩子磕着了碰着了，大部分家长也不会打那个桌子了吧？有的家长还会和孩子说："桌子也会疼，你去安慰安慰桌子，去摸摸它。"

那么，当孩子进入学龄阶段，您看孩子成绩没考好，是不是也能学会不指责孩子，而和他说："没关系，爸爸/妈妈相信你能爬起来。"面对他的"跌倒"，我们是不是也可以帮助他分析原因，告诉他下次咱们继续努力。生活的道路从来不是平坦的，只有拥有顽强的意志力，孩子才能获得人生的成功。所以，父母不要剥夺孩子跌倒的权利。

一个好的童年会让人一生幸福，一个坏的童年让人用一生去补救。我们陪伴孩子走过的这一段是非常重要的，孩子的努力当然很重要，但父母给他传递了什么更加重要。孩子来到这个世界上，上学、工作的过程中会遇到许许多多的困难，您一直帮他做，拦着他去尝试，是不行的。

孩子第一次刷碗的时候打破了一个碗，您是不是从此就不让他刷碗了呢？孩子第一次自己动手整理床铺，整理得不好，弄得歪歪扭扭的，您是不是不耐烦地把被褥扯开，重新整理了一遍呢？

家长常常意识不到自己正在轻视孩子的感受，而这种伤害会让孩子未来再也不敢尝试。当家长贬低、指责孩子，或者用高高

觉醒的父母
理念篇

在上的态度替代他们去做事的时候,孩子会感到难为情,但因为家长不理睬他们这种情绪,孩子就要自己消化这些情绪。按照现代教育的理念,家长的这种做法是在惩罚他们。

我曾经看过一个案例。说有个12岁的男孩和妈妈一起去参加夏令营。在路上,妈妈一直帮这个男孩拿着行李。老师就问这个男孩:"你为什么不自己拿行李呢?"男孩说:"这些事妈妈从来都不让我干。"是的,妈妈是心甘情愿地在干这干那,而孩子也认为这一切都是很正常的,认为这些事本来就是妈妈应该做的事情。那么,妈妈累吗?妈妈肯定是累的,但是累了半天,都不知道自己在干些什么。这样的男孩子未来极有可能长成流行语中的"妈宝男",他们可能会倾向于找一个和妈妈一样的伴侣,但是随着这一代女孩女性意识的觉醒,这种概率现在越来越小了。

其实,我们的传统教育不是这样的,我们都在教孩子有担当、有责任感。小朋友从小就知道一句话:"自己的事情自己做。"您想想,哪个妈妈看孩子自己洗袜子、叠被子不着急,孩子干得又慢又乱。但时,您要耐心,耐心地等待孩子越做越好。

有意识地让孩子吃点苦

如果您什么事都帮孩子做了,孩子确实再也不会"摔倒",但是他会接收到一个信号,就是"我不行",您再空口对他说多少遍"你行"也没用。孩子会认为父母对自己是担心和不信任的,是不相信自己可以为自己的事情负责的。这样的孩子长大以后,

第五章
好父母是有界限的，与孩子建立亲密且健康的关系

往往真的认为自己不行，尤其是面对需要自己做决定的事情，或者是有比较大的挑战的事情，他们就会想要问自己的父母。如果父母的认知已经严重跟不上孩子的发展了，孩子也会倾向于在学校、在职场、在自己的小家庭中，为自己找可以依赖的"父母"。所以，给孩子"摔倒的权利"非常重要，不要一开始就认为孩子不行，让他去试，不断地去尝试。

所以，家长有意识地让孩子从小就吃点苦，经历一些挫折，摔几次跤，当孩子克服了眼前这个困难，他就能在挫折中找到自己的自信心，为未来面对人生中的坎坷储备好勇气和信念。比如去露营，妈妈应该怎么做呢？您当然可以询问一下孩子需不需要帮助，如果孩子表示自己可以，您就放心让他去做。我记得有个妈妈提到，其实她在悄悄地检查孩子行李的时候，发现孩子忘记了把厚衣服放进去，晚上一定会冷的。妈妈没有告诉孩子，也没有帮孩子带上，而是默默地多带了一件自己的大衣。

出发前，妈妈又问了一遍儿子："你东西都带齐了吗？衣服都带够了吗？"儿子自信地说，"都带好了！"到了晚上，儿子被冻得不行，妈妈就拿出自己多带的一件大衣，问儿子："虽然是粉色，但你要不要穿？"儿子实在太冷了，只好穿上妈妈的衣服，但是因为觉得穿妈妈的衣服不好意思，也从此记住了露营的准备要细心。

所以，聪明的妈妈会给孩子机会"跌倒"，您当然可以用自己的方法，帮他垫一下，不让他摔得太狠，但是，真正去做事的人最终一定是孩子自己。我们可以替孩子收拾行李，替孩子搬运

行李,但是,我们没法一直替孩子干他该干的事。这位妈妈没有替孩子做事,也没有指责孩子粗心或缺乏常识,而是让孩子自己去感受山里的夜有多凉,还故意带去一件孩子不喜欢的衣服,让孩子体会到自己粗心导致的后果。

总之,对孩子过度保护,不给孩子"摔倒的权利",孩子以后可能会摔得更重。正确的做法是,您陪着孩子一路披荆斩棘,当孩子经历了"跌倒"又"爬起来"的过程之后,也就学会了自己为自己的事情负责,孩子就会发展得越来越好。

- 孩子犯错是教育的最佳时机,父母要允许孩子犯错误。
- 用大的孩子是人才,宠大的孩子是蠢材。

第五章
好父母是有界限的,与孩子建立亲密且健康的关系

行为窗口:
告诉孩子,他自己的事自己说了算!

最近的很多研究都指向:当孩子能获得一定的外界支持,并且确信"自己说了算",他们就能把自己的事儿打理得井井有条。他们自然而然地知道,什么事情是很重要的。反之,孩子得不到支持,又被迫听从"别人的安排",那么即使孩子在生活中感受到了压力,他们也不愿意说。要是他们本来就处在困境中,父母的唠叨和责骂一定会进一步地加深孩子与父母的对抗。

您相信孩子能做出明智的决定吗?据我观察,大多数的中国家长是不相信的。可是,要培养孩子的自主性,就必须学会让孩子自己做决定。我一直告诉家长朋友们,您要让您的孩子知道,您真心尊重他们。并且,如果您想让您的孩子未来更有主见,就别总强调孩子要"听话",您需要一点一滴地让孩子对更多事情有控制感。但是,到底要怎么做呢?我想,我们或许可以从和孩子说"这事你自己说了算"开始。

觉醒的父母
理念篇

从"这事你自己说了算"开始

我们作为父母总是替孩子做决定,这看似非常合理的行为背后,隐藏着重大的隐患。现在,我们很多高中也开始给孩子办成人礼了,找专业的会务公司,孩子们穿着正装,个个像个大人一样。但是,家长并没有给孩子自己做主的权利,从报志愿到找工作,家长都希望替孩子做主。实际上,不应该等到孩子成年,在孩子很小的时候,家长就应该试着培养孩子"自己的事情自己说了算"的习惯。

怎么才能让孩子相信"这事真的他说了算"呢?您不能只是这么说,还要真切地这么做。您要用行动让孩子看到,您相信他。孩子如果从小能够有自己说了算的机会,哪怕不是每一次的决定都是正确的,他也能从错误的决定中得到滋养。有时候,您可能会看到孩子在滥用这种权利,您气得不行,可是如果您每一次都忍不住插手,只能和孩子一起陷入恶性循环。

之前,有个妈妈找我咨询,说她家孩子不愿意在一个重点私立学校读书,想转到她的伙伴们都在的公立学校。可是,去那个私立学校的机会很难得,她和孩子爸爸都觉得放弃的话太可惜了。我就问,孩子多大了?这位妈妈说,孩子还小,刚上初中。各位家长,您觉得刚上初中的年纪算小吗?或许十二三岁在家长眼里确实还是个孩子。但是,根据现代心理学的研究,孩子在这个阶段,已经觉得自己是个大人了,他们渴求对自己生活的

第五章
好父母是有界限的，与孩子建立亲密且健康的关系

决定权。

转学的确是一件非常关键的事，大多数家长不会让孩子自己决定。家长们总是觉得，只有自己才知道什么是对的，什么是适合孩子的。更深层的原因，可能也是家长们不愿意承认的原因是，您也不愿意把决定权交给孩子，您害怕孩子和您对着干。您还会说，您吃的咸盐比孩子吃的大米还多，孩子哪有什么阅历和经验去判断什么是对的。最后，这位妈妈说，女儿想转学的原因是她的伙伴在公立学校。当然，这可能是真的，但也可能是家长的猜想，因为这让孩子转学的理由显得很不成熟，父母就有了反对的理由。

另外一些家长是属于做姿态的类型。他们口口声声跟孩子说，你的事你自己定，免得你长大之后埋怨我。但是，其实他们心里是在希望，孩子做出的决定和他们设想的一样，他们会通过各种各样的方法给孩子暗示，或者通过拐弯抹角的方式给孩子压力。一旦孩子做出的决定和他们想的不一样，他们就会觉得孩子不成熟，就要加以干涉了。是的，父母应该对孩子进行引导，应该利用我们更为丰富的阅历来帮助孩子分析全局，从而帮助他们做出自己最想要的选择。但是，这么做的前提是，家长是真心地把选择的权利交给了孩子。

帮助孩子建立自主的信心

还有一种情况是，孩子不敢自己做决定。这种时候怎么办呢？

觉醒的父母
理念篇

我想，您先要让孩子相信，他是了解他自己的，包括很多成年人在内，都不相信自己对自己的判断，他们要去外界寻求认同。所以，要让孩子明白，自己就是最懂自己的，是不是适合自己，自己是不是舒适，都要以自己的感觉为准，别人说的只能作为参考。

另外，不要因为孩子年龄小，就放弃培养他的自主性。无论您的孩子是学龄前还是已经大学毕业了，您都要舍得放手，让他自己学着对自己负责。因为这不仅是培养他自主性的好途径，也是避免他长大后怪您帮他做决定的做法。很多时候，我们在为年幼的孩子做决定的时候，孩子当时并没有什么反应，但是当他们长大以后，回望过去，会责怪父母草率地帮他们做决定。

比如，很多人到了中年还在反复提及小时候父母轻易地让他放弃了参加兴趣班。20世纪80年代或90年代出生的孩子，在他们的成长过程中，开始学习绘画、书法、乐器等，我常听一些朋友说，如果我当年接着学画画现在可能办画展了，如果我当时接着学大提琴就好了，等等。因为，那时几乎没有家长把兴趣班当回事，很有可能因为家远、经济紧张，或者认为学校的学习更加重要，而轻易就让孩子放弃了兴趣的培养。那时候，也没有家庭教育的理论广为传播，告诉那代家长要让孩子参与到是否放弃的决策中来。

现在，这代人有了自己的孩子，我希望您不要忘记自己曾经的感受，即使您当年还小，也希望并且有能力做出好的决定，至少不比您爸妈那个决定更差，是不是？心理学研究表明，孩子在

第五章
好父母是有界限的,与孩子建立亲密且健康的关系

很小的时候,就可以做出明智的决定,而到青春期时就基本上达到成年人的水平了。另外,您可能不承认,您真的知道怎样对孩子最好吗?关于兴趣班,还有另外一种情况,就是不经孩子同意,就帮孩子报名,然后孩子被迫去学习。您可能觉得孩子的字不好看就帮他报名学书法,因为孩子体态一般就帮他报名学舞蹈,甚至因为您小时候有种乐器没学成,就帮孩子报名学那种乐器。但是,这样的学习是没有自主性的。

 峰哥语录

- 教育的最高境界不是管而是不管,只有不管孩子才会有自主自发的力量,越管孩子越没劲儿,越管孩子越不自觉,越管孩子越没有动力。
- 在教育中不思考,就等于射箭不瞄准一样。

合理管制：给孩子自由，不要过度管制

家长总是望子成龙的，希望自己的孩子在各个方面都规规矩矩，没有一丁点瑕疵。为了达到这个目的，有些家长对孩子非常严厉，以至于把孩子都管"傻"了。过度管制已经被证明是非常不可取的教育方法。

家庭教育心理咨询专家帕蒂·惠芙乐认为："孩子的'不正常'的表现在孩子成长过程中起着特殊的作用，如果处理得好，会有利于孩子形成健全的人格和健康的心理……孩子的每一个'非正常'表现的背后都有一个正当的理由，他们是在宣泄精神或身体上的创伤所引起的负面情绪，是在呼唤成年人的关注以帮助他们更好地宣泄，从而获得最终的康复。"

下面，我们就从"对孩子的过高期望"与"重视我们与孩子的界限感"两方面，来聊聊这件事。

第五章
好父母是有界限的，与孩子建立亲密且健康的关系

对孩子的过高期望

有句老话我们从小听到大："只要功夫深，铁杵磨成针。"这句话当然有古人激励人的智慧在里面，但是，从某种角度看，这句话也夸大了努力的作用。家长们常常认为，孩子只要有什么没有完成，一定是还不够用心，不够努力。我认为，人越早认识到人与人之间的天然差距，越容易有一个乐观健康的心态。总有人在某个方面不用怎么努力就能轻轻松松成功，这是真的。班上就有那种孩子，不用刷题就能考第一名。所以，孩子的学习时间比其他孩子长，最后的成绩却没有那么好，是可能的。

我相信，做父母的都是爱孩子的。我们管孩子，都是希望孩子健康成长。就像很多家长说的那样，看到孩子幸福快乐，就是我们最大的愿望。但是我们不得不承认，我们对孩子的期望是无止境的。最早，我们只是希望孩子健康活泼，有清脆的笑声；久而久之，如果孩子一直很好，我们又会希望他们得到亲友或者学校老师的赞赏，让我们感到自豪。

然而，我们对子女的付出，未必总有令我们满意的结果。孩子常常闷闷不乐、不讲道理、不好好学习、做事磨蹭，和"别人家的孩子"没法比。我常听到家长朋友说："我简直弄不懂这孩子是怎么了！"家长沮丧、困惑、失望、无计可施、情绪恶劣，往往就摆起父母的威严，简单粗暴地加强对子女的管制。

我们家长要明白，孩子的成长不可能完全如同我们期望的那

样。在孩子的表现与我们的想法出现一定背离的时候，我们要耐心地对待他。如何与孩子一起面对与处理那些挫折？这些孩子面临的挫折就能证明孩子"不行"吗？作为家长，不要总表扬孩子的聪明、成绩好，而要多表扬孩子的努力，这样，孩子才能心态平和地理解和接受我们给出的要求或建议。

重视我们与孩子的界限感

当孩子们的界限不断被践踏，他们就用"我不在乎"画出新的界限。我们经常看到，在现实生活中，很多家长不顾孩子的尊严，在外人面前数落自己的孩子。之前有个家长说，孩子爸爸在饭桌上和朋友说，孩子大学毕业了，但什么都不行。我们先不说孩子是不是有自己的问题，但这种"数落"会给孩子造成很严重的伤害。而且，这类家长往往是从小就喜欢在外人面前数落自己的孩子。最终，导致孩子很叛逆，直到年龄很大了还是和父母对着干。

这个界限，在孩子小的时候，您和孩子可以一起制定。比如，关于写作业这件事，您可以规定孩子什么时候完成作业，完成多少作业；孩子也可以要求您不要一直打扰他、催他、看着他。您做您的，他做他的，对吧？如果孩子在写作业的时候，您总想，哎呀，我不放心，我就得去看一看，您就首先破坏了界限。您说，这是为了孩子呀，我怕孩子不好好学习。但是，您越界了，您没在自己的轨道里面行走，您跑到孩子的轨道里行走，孩子就感觉

第五章
好父母是有界限的，与孩子建立亲密且健康的关系

别扭。

事实上，有界限、有距离地与孩子相处，本来就是一门学问。不论是您跟您的孩子相处，还是您跟您的父母相处，都要有个距离、有个界限。清晰和明确的界限，能给人安全感，让孩子清楚自己在家庭中的位置，进一步生发出自己在社会中的位置和职责。找不到位置的人，是会感到无所适从的。同时，清晰的界限代表尊重，人与人每天贴在一起，再亲的人也会烦躁。

再打个比方，您和您的父母相处，您也知道，该帮的地方帮，不该帮的地方要给父母空间。当您的父母还很健康的时候，您拿筷子给他喂饭，他能吃吗？他肯定要骂您。所以，监督孩子写作业也要讲究个尺度。我自己是不给孩子检查作业的。我个人的想法是，即使我平时检查完作业他都做对了，考试的时候谁给他检查？谁告诉他该怎么改？

根据我自己的经验，这样的学习方式很好。与孩子划定好界限，孩子考试怎么做，平时就怎么做。您平时给孩子检查完了，孩子考试的时候，没人检查，他就又错了。错误要他自己发现，自己检查出来，错误的原因自己分析，思路才能清晰。以考试的标准为导向，而不是家长帮他干什么。在这个问题上，父母越早放手对他越好。

当然，自由一定是与规则相伴的，没有规则就不会有自由。我们看到有很多孩子为所欲为，目中无人，却很不快乐。这些孩子的父母，要么是"散养"，要么是溺爱。当孩子有这样或那样的问题时，我们要做的不是数落他，而要守在他身边倾听他。作

为一个成年人，我们要比孩子更能控制我们的情绪。我们与孩子之间设置了界限，孩子反而更能与我们产生联结。所以，对待孩子不要过度管制，不好期待过高，要重视我们与孩子的界限感。我相信，当您开始认真尝试这么做时，您会对自己及您的孩子都有全新的认识。

 峰哥语录

- 家庭教育不是教也不是管，是示范，是引导。
- 父母越无限地控制孩子，孩子越想脱离父母。
- 每个孩子刚出生就是一颗钻石，充满无限的可能。

第五章
好父母是有界限的，与孩子建立亲密且健康的关系

了解自己：
孩子越了解自己，对自己越有控制感

对青春期的孩子，我们都很头疼。为什么呢？因为青春期的孩子特别敏感，容易出现心理问题；青春期的孩子自控力差，特别是男孩子的自控力更差。很多家长来和我抱怨，怎么能让孩子不那么自卑、不那么敏感，或者不那么冲动？在我看来，帮助孩子了解他自己可能是一种比较有效的方法，因为很多孩子并不知道自己的脑子里在想些什么。实际上，孩子越了解自己，对自己越有控制感。今天，我从我们的大脑构造开始讲起，抽丝剥茧地分析一下，为什么孩子越了解自己，对自己越有控制感。

杏仁核：我们的"危险探测器"

说到这里，我想先带大家了解一下"杏仁核"的概念。杏仁核是我们大脑里的一部分，负责的是恐惧、悲伤等负面情绪的产生、编码和储存。它就像是我们的"危险探测器"，总是充满戒备地寻找可能让我们受伤的事情。简单来说，就是当一个人面临

觉醒的父母
理念篇

的环境可能产生危险时,杏仁核就会被激活,然后产生负面的情绪。大多数的时候,杏仁核的存在是为了帮助我们识别出外界的危险,是为了保护我们。但是,有些孩子的杏仁核过于"勤劳",这些孩子就会非常敏感。

杏仁核过于"勤劳"的孩子,会出现注意力涣散、完美主义倾向、耐挫折性比较差等问题,当然,他们还比较容易冲动和发脾气。这个时候,我们一定要和孩子坐下来聊这件事,不能放任孩子在那里东想西想,越来越糟心,甚至有些孩子因为控制不了自己的脾气,会频频与别人发生冲突。

我记得,我接触过一个家长,这个家长最苦恼的就是她家孩子容易在球场和别的孩子发生冲突。她说,每次和别人冲突或者打架后,孩子自己也非常后悔,说下次一定不这样了。而且,她家孩子并不是一个胆子特别大的孩子,每次和别人冲突后,还担心别人会打击报复自己,非常焦虑,以至于影响到正常的学习和生活。我和这位妈妈分析,她家孩子大概就是大脑中的杏仁核过于"勤劳"了。据孩子描述,每次在球场上遭到挑衅的时候,他就觉得自己完全没有办法控制自己,也没办法冷静,虽然之前想得好好的,再也不打架了,可还是做不到。

我想,孩子知道不该打架是最难得的,他对自己的"做不到"也很苦恼。我就对这位妈妈说,可以和孩子进行一些训练,比如:让他提前想想自己下次控制不住的时候怎么办,有没有什么有效的方法让自己冷静下来。多次练习之后,下次再碰到这种情况,身体就会有条件反射了。我们也可以发挥杏仁核的"勤劳",和孩子聊他每次与别人发生冲突后，总是担心被打击报复，耗费的精力那么大，完全得不偿失，是不是下次就可以不要让自己陷入这种危险。

把"责任"推给杏仁核

在与那些自卑、敏感的孩子沟通的时候，把"责任"推给杏仁核也是一种好方法。比如，明明很优秀的孩子却总在说"我不行""我做什么事都不如别人"，或者面对老师和家长的夸奖总是不相信，被批评后要难过好几天。最麻烦的是，他们的抗压能力特别差，甚至会有自厌的情绪。我记得有个妈妈跟我说，她家闺女从小就气性大，爱闹脾气，等到了青春期就是这种典型的高敏感的孩子。

我想，面对这样的孩子，我们更要循循善诱。您首先要理解他的压力很大，要让孩子愿意和您说。然后，我们可以和孩子聊聊杏仁核，那些沮丧的情绪，那些令人懊恼的事情，不是因为他不行，而是因为他的杏仁核比别人的"勤劳"。或者，外界的刺激走到他的杏仁核的路径比较短。当孩子接收到"并不全是我的错"这种信息的时候，会变得轻松一点。

有些孩子的自卑是一种情绪上的自卑，他们并不是真的觉得自己处处不行，毕竟成绩、奖项和外界反馈在那里摆着。但是，他们就是容易陷入这种"我不行"的情绪中。他们也不容易在人际关系中感到安全，这些都会影响他们的情绪。把责任推给杏仁

觉醒的父母
理念篇

核,当孩子再次变得焦虑、沮丧的时候,他们会明白,是杏仁核在"捣乱"了,会少责备自己一点。这一切,是大脑和他们开的玩笑,并不是他们的性格有缺陷。

1% 的天赋 +99% 的努力

在 2022 年北京冬奥会上斩获了两金一银的谷爱凌曾说:"拿金牌的我只有 1% 的天赋。天才只是很小的一部分。比如说刚开始学习滑雪,天赋可能会让速度快一点。但是关于难度动作,99% 都是努力。"

我们开始好奇,是怎么样的努力呢?谷爱凌说:"我每天想的就是必须做什么,比如学习,然后就是滑雪,几点睡觉,几点起床,几点训练。"谷爱凌对自己有着严格的要求,因为大量时间在路上,谷爱凌学会了在车上写作业、吃饭,在车上处理各种事情。……做任何事情,都会尽力保持专注,高效率地做事情,比如专注地学习,然后马上再专注地切换到滑雪。

这种专注、自律大概是谷爱凌可以在这个年纪取得如此成就的最大原因。这种自律不会是天生的,很多人会强调遗传和基因,我不这么看。谷爱凌的外祖母就是一名大学生、一名优秀的篮球运动员,在七八十年前的中国,这绝不是一件容易的事。谷爱凌的妈妈,北京大学毕业,在美国读了博士,事业有成,也爱好滑雪。两代人言传身教,谷爱凌的自律可以说是对家风的继承。所以,我们会看到她们祖孙三代都充满阳光、自信,对自己的生活

第五章
好父母是有界限的,与孩子建立亲密且健康的关系

有很好的控制感。实际上,培养一个自律的孩子的前提就是,让孩子成为一个有正确的自律观念的人、觉得自己对自己的生活有控制感的人。

我们一直在强调自律是很重要的习惯,并且强调自律是后天形成的,那么,到底该怎么做呢?参透孩子成长的本质是很重要的,细心观察孩子也是很重要的。如果真的有家长了解了这些,就相当于拿到了自律的方法论,那么,无论我们说正面管教也好,说父母的格局也好,都是形式层面的问题了。

让孩子了解自己在想些什么,为什么会比别人敏感和易怒,是会让孩子更舒适和轻松的,情绪也更容易得到管控。当然,孩子不会一下子就变得不再焦虑了,也不会一下子就不害怕挫折了,但是,他们会积极地去解决问题,会带着自身这种高敏感的特质乐观地学习和生活。

- 父母改变孩子是一个潜移默化的过程,不要急于求成。
- 孩子的成长需要陪伴,需要的是父母高质量的陪伴。

学会判断：
如何判断自己的孩子已经独立了？

我记得，我小时候是很想离开家的，想去看看外面的世界是什么样子。但是，根据我最近和家长们的交流，我发现一个现象：现在的孩子不愿意离开家了，他们对在家门口上大学、工作，甚至结婚生子充满了向往。我在想，这是为什么呢？是现在互联网的存在让世界变得趋同了，还是他们没有能力面对外面的世界？根据我多年在家庭教育领域的经验，我猜测，大概是后者。为什么这么说呢？我举几个例子吧。

没有基本的生存技能

很多孩子从小到大没有接触过洗衣服、做饭，他们上了大学，发现自己没办法独立生活，因为即使有食堂和洗衣房，他们也不知道应该如何让自己营养均衡，不知道什么时候应该把衣服拿到洗衣房去洗。这些没有自理能力的孩子让大学辅导员震惊，但我并不感到震惊。我们做训练营的时候，就遇到过这样的孩子。

第五章
好父母是有界限的，与孩子建立亲密且健康的关系

当时，有一个比较小的孩子，那时候，我们每天早晨都让孩子吃个鸡蛋，就这个小孩子不吃，我们就问他为啥不吃。孩子说，你们的鸡蛋和我家的不一样，我不敢吃。我们就问他，哪儿不一样。孩子说，形状颜色都不一样。我们家的鸡蛋是软软的白色的，你们这里的是硬硬的发红的。您大概猜到了，他从小到大见过的鸡蛋都是他妈妈给剥好的。学习知识当然重要，但孩子一生的竞争力究竟是什么？是值得我们家长好好思考的问题。

我曾经问一个二十几岁的年轻人为什么不会做饭，他说："不会做饭怎么了？我们家里也没人做饭。"我就问他："那你家里是一直点外卖？你小的时候也没有外卖啊。"他说："我们家里请了阿姨做饭。"我就问他："那你妈妈会做饭吗？"他说："会，我妈妈过年的时候会做两顿。"所以，不是说非得做饭，但是，我们要让孩子拥有基本的生存技能吧。这位妈妈明明自己会做饭，可能只是因为忙而没时间，但作为家长，应该让孩子明白，最起码深夜肚子饿的时候，可以为自己煮一碗面吧。

父母要知道应该给孩子什么。但是事无巨细地照顾他们，反而会把他们毁了。您可以给孩子鼓励，给孩子支持。但是，也要给孩子历练自己的机会，给他充分探索人生的自由。您把他去认识世界的权利都剥夺了，把他绑在自己身边，是非常自私的行为。我们一定要思考清楚这个问题，您教育孩子、引领孩子，不是给孩子当伺候他吃饭的厨子，给孩子当叫他起床的闹钟，给孩子当帮他完成作业的伙计。您是孩子的教练，您要逐步引导他自己去做。毕竟，未来站上比赛场的，是他自己一个人。

从来不运动

一天,我从家打了一辆出租车去公司。当时正好快到中午了,出租车司机就跟我说,每天到这会儿都特别堵,因为学生要放学了。然后他又说,您说现在也不知道社会是进步了还退步了,要说退步了,家长的车全排得满满的!要说进步了,现在的娃娃们连自理能力都没了。我觉得这个司机真是在思考问题,就跟他聊了一路。

随着科技的进步,如果文化教育没有跟上,孩子们就会呈现一种撕裂的状态。他们拥有很优越的生活条件,却也承担着非常大的学业压力。孩子们没办法随心所欲地成长,不像我们小时候可以疯玩疯闹。不只孩子,大人也是。现在,总听说有年轻人因为运动就猝死了,很大一部分原因就是,今天的社会不一样了。一方面,年轻人的压力特别大,另一方面,又非常缺乏运动和休闲。孩子们也是,孩子学校距离家就不到1公里,家长都得开车去接,或者骑电动车去接,所以学校一放学街上就堵死了。我们总说让孩子锻炼身体,走路不是锻炼身体吗?能不能和孩子一边走路一边聊天回家啊?所以,现在大家爬个三层楼就喘,因为到处都是电梯;跑几步就受不了,因为出门就坐车。其实,教育没有那么复杂,只要我们认真思考,总能找到一些规律和自己的办法。

我们不能让孩子觉得生活中的一切都有人为他准备好了,这

第五章
好父母是有界限的，与孩子建立亲密且健康的关系

样孩子将来踏入社会时，会认为周围所有人都欠他的。一旦这样的孩子遭遇了挫折，他也会认为都是别人的错。您家的孩子能否对自己的生活负起责来，是判断一个孩子是不是足够自主、自律、自立的重要标准。您不妨问问自己：在您的努力下，孩子的作息稳定了吗？能够自己起床了吗？他在做作业的时候能够专心吗？会轻易受到其他事情的干扰吗？他可以控制住自己，不轻易对网络世界成瘾，在日常生活中有正常的社交吗？他在需要外界支持的时候，知道如何与人沟通吗？

我非常赞同一种说法，就是有些父母认为孩子已经冲过了终点线，让孩子去接受拥抱和祝贺时，孩子还不会跑步。因为，这些孩子是父母背着他们跑完全程的，只是在终点线那里才把他们放了下来。考大学不是终点，找到工作不是终点，结婚不是终点，人只要还活着，就不会到终点。父母以为帮助孩子越过那段路程的终点线就可以了，但孩子如果没有真正地跑过这段路，越过终点线之后，他往哪里走呢？

峰哥语录

- 家长要敢于放手让孩子去做，给他社会实践能力，不要怕孩子做错，不要怕孩子在做错的过程中付出代价。
- 早点吃苦是好事，因为早点儿吃苦，未来就能少吃苦或者不吃苦。

第六章
好父母是有远见的，要放眼孩子未来的成长

内在动机：
放弃外在奖励，激发孩子的内在动机

我常说"无条件的爱"，无条件的爱是什么呢？假设孩子只考 60 分，虽然您想让他考 70 分、80 分，甚至 100 分，但这不是您爱他的条件；孩子考 60 分，您也要爱他。您还要和孩子一起分析考 60 分的原因，并且帮孩子战胜此刻考 60 分的困境。您要让孩子感到，您永远支持他，站在他身后。

但是，我说的无条件给予，绝不是让您无条件满足他的物质要求。孩子说要个手机，您把房子卖了给他买个 1 万多元的手机吗？这不叫无条件，这叫愚蠢。我说无条件的爱是在精神层面的，而不是物质层面的。今天，我先和大家分析一下"胡萝卜+大棒"的想法为什么是错的，再和您解释清楚为什么物质奖励会伤害孩子的内在动机。

快扔掉"胡萝卜+大棒"的想法

为什么这么说呢？除了咱们不能经济条件稍好点就挥霍之

第六章

好父母是有远见的，要放眼孩子未来的成长

外，从教育学的角度来看，物质奖励对孩子的成长是完全无效的。胡萝卜＋大棒，是个可以快速见效但长久有害的招儿。您可能会问，大家不都是这样吗？惩罚不听话的孩子，奖励听话的孩子。是的，我们训练动物也是这样的。驴拉磨的时候，就在它前面吊一根胡萝卜，它就会一直工作；如果还不行，就拿棒子赶他。但是，孩子是人，他有更强的独立性。

大量的研究表明，"奖励"对提高孩子的学习质量是没有任何用处的，甚至会把事情搞得更糟糕。由于科学家们也不相信我们长久以来相信的奖励机制是无效的，所以，他们反复去实验。结果，研究者们不得不承认，如果不施加奖励，孩子们都会希望更好地学习，有了奖励之后，反而不行了。其他的事情也是一样的，我举个例子。如果我说，吃一顿汉堡包，我就给您500元，您一开始可能会非常高兴，又有美食，又能拿钱。但是，等这个奖励机制结束之后，我敢保证，您再也不想吃汉堡包了。因为汉堡包在您眼里，已经不是一道美食，而是代表着500元的奖励。您感兴趣的是500元，而不是汉堡包。况且，因为这500元的奖励，您可能会吃太多的汉堡包。

我们常说，不要把兴趣爱好变成工作，否则就会逐渐讨厌它，也是这个道理。如果您只是为了钱而工作，很快就会厌烦自己的兴趣爱好。那些在工作中依然保持了对兴趣爱好的热情的人，是放弃了对工作中奖励机制的关注，仅仅就想做好事而已。这就说明，奖励不仅无益，而且有害。回到开头手机那个问题，您想，您要是给孩子买个1万多元的手机，孩子还是在为了学习而学习吗？孩子是

在为了手机而学习呀。以后,没有奖励了,他就不学习了。毕竟,他学习就是为了要手机。

物质奖励损害孩子的内在动机

动机是什么?简单地说,动机就是您想做这件事。内在动机,就是您打心眼里想做这件事。为什么说物质奖励损害孩子的内在动机呢?因为人的动机分为外在动机与内在动机,外在动机就是由于外界的刺激而想做这件事,比如孩子为了1万多元的手机去学习。根据心理学家的研究,外在动机很可能会侵蚀内在动机。打个比方,外在动机与内在动机加起来是百分之百,那么当外在动机占比高时,内在动机占比就低。外在动机占了70%,内在动机自然就只占30%。这是什么意思呢?就是您给孩子的物质奖励越重,孩子就越容易对学习这件事本身失去兴趣,也就是失去内在动机。孩子为了得到手机,他无所谓做的是什么事,是考试考第一也行,是在家做一天家务也行,事情本身已经变得不重要,反正只要忍受完了这件事,他就可以得到手机。

就像咱们小时候读小说,读小说的时候兴致盎然,是因为就想知道下面到底发生了什么事。但是,现在您再让孩子读书,说你读完一本,我就带你去吃大餐,谁还想着书里在发生什么啊。为了奖励而开始的任何事情,奖励一停,事情就停,绝无例外。因此,只有放弃那些昂贵的奖励,才有可能真正地挖掘出孩子的内在动机。为什么读书?为什么听音乐?为什么打篮球?为什么

第六章
好父母是有远见的,要放眼孩子未来的成长

去上学?为什么去旅行?那些让他真正想去做这些事的想法是什么?只有这样,我们才能发现孩子真正的兴趣和天赋,以便更好地帮助他们在他们擅长的领域持续努力。

所以,不要指望"奖励"能给您一个优秀的孩子,运用奖励来要求孩子只会得来更差的结果。只有放弃使用奖励这种"偷懒"的办法,您才能挖掘出孩子的内在动机,从而帮助孩子成长得更好。

- 因为有兴趣,所以愿投入。
- 兴趣让孩子增加信心,是开窍的敲门砖。
- 金钱上的无限满足,就是对精神上的无限腐蚀。

因材施教：
不厌其烦，更准确地找到孩子的优势

有些家长会担心地问我，如果孩子觉得自己这方面特别有能力，但是我却看不出来怎么办？会不会做了无用功？如果拦着孩子吧，怕打击孩子的积极性，也怕自己判断错误；如果不拦着孩子，又怕孩子没认识到自己的短板，日后承受打击。我觉得，有这种想法的家长确实是下了功夫学习如何教育的。

墨尔本大学心理学教授、墨尔本大学积极心理学中心的创始主任、国际积极心理学协会主席莉·沃特斯在《优势教养：发现、培养孩子优势的实用教养方法》中，确实提到了误用优势的问题。今天，咱们就谈谈优势教育这件事。把优势教育的来龙去脉弄清楚，能帮助您给予孩子更快乐的成长空间和更卓越的学习能力。

孩子误用优势了吗？

能够动态地去判断孩子，自始至终对孩子保持观察，需要家长特别有耐心。在这个过程中，在判断孩子是否误用了优势时，

第六章
好父母是有远见的，要放眼孩子未来的成长

您可以问问自己下面的这五个问题。

莉·沃特斯教授的第一个问题是，这算不算滥用优势？例如，有个孩子最大的优势是懂得欣赏美，并总是很极致地完成任务。当她很难在规定的时间内答完数学题时，家长没有责怪她马虎、不努力、磨蹭等，而是敏锐地发现，这个孩子的试卷总是最干净的，字迹也是最漂亮的。这个注重呈现"美感"，并且想极致地完成任务的倾向，已经到了不顾考试时间要求的地步。帮助孩子不要滥用这一优势，就可以很快地提高孩子的数学成绩。

莉·沃特斯教授的第二个问题是，孩子是否未能充分发挥优势？举个例子，当孩子输了球赛而想放弃继续训练时，家长可以根据孩子的一些既有优势来和孩子谈，比如："我有点好奇啊，比赛输了，你却要离开球队，这不像你啊。你有那么强的团队精神，判断力又好，做事还很公平，你真的要这么决定吗？"作者认为，这样指出孩子的优势，并让他认为自己没有发挥出这些优势，要比指责孩子，说你怎么这么没有体育精神要好。

莉·沃特斯教授的第三个问题是，这是不是优势的反面或阴暗面？有时候，孩子太关注自身优势的反面，需要我们家长引导他们看到自身优势更积极的一面。比如，有的孩子大嗓门、活泼、热情、好动，因为自己不能总是很安静而感到自卑。我们作为家长就要帮助他选择一些能够发挥其自身优势的事情来做，比如：参加社区组织的户外志愿活动，参加学校体育比赛的拉拉队等，都能让孩子更加自信，发现自身优势的用武之地。

莉·沃特斯教授的第四个问题是，这是否是一种受限的优

势?作者举例说,有个孩子特别有语言文字的天赋,家长努力想要培养,却因为孩子生长在一个不到一年级就不能学习认字的时代,他的优势受到了限制。看看咱们家的孩子是不是有这个问题?比如,我们过去说的"偏科",就非常打击孩子的自信。但是,我们用更现代的眼光来看,"偏科"难道不是在某种学科上特别有优势吗?我们可能也无力改变通识教育的一些弊端,但是,我们至少可以做到时常鼓励孩子,不去打击孩子的自信。

莉·沃特斯教授的最后一个问题是,这算不算被迫做不擅长的事或过分依赖习得行为?作者提到一个常见的现象:一个才华横溢的职员忽然被提到了管理层时,如果新岗位的工作内容同他原来做得好的业务相差甚远,他就可能被迫不断使用习得行为甚至他的劣势,而失去了优势带来的不竭动力后,他和他的团队就会很难受。您的孩子有这种情况吗?当某种课业忽然变难时,当不擅长管理的孩子突然成为班干部时,当不喜欢进厨房的孩子忽然被要求上烹饪课时,家长要帮助孩子渡过难关。

依然别忘了倾听孩子

即使有上面五个问题打底,这里还是有一个值得注意的地方,就是别忘了倾听孩子。孩子找寻自己优势的过程,是他们学会欣赏自己的过程,这个过程可以帮助孩子拥有一种积极阳光的性格。对于自卑的孩子来说,尤其是如此。我听很多家长跟我讲过,当孩子在沮丧、难过的时候,突然发现自己也没那么差劲时

第六章
好父母是有远见的，要放眼孩子未来的成长

的开心和愉悦，因为他们发现了自己的价值。孩子自信了，会更加有吸引力，更容易融入环境，从而进入一个良性循环。这种吸引力让他们有了更多的朋友、更多的机会、更愉悦的成长。

让孩子愿意说是第一步，但我们作为家长怎么听也很重要。家长总以为自己特别理解孩子，然后事与愿违的时候，还表现得很委屈。其实，很多家长根本没有听孩子说什么。我们太想表达了，这是作为更有权力的、强势的一方的通病。我们只顾着说，却没有听见孩子说了什么。这会导致什么问题呢？就是最终我们得出的结论依然是"我们以为的"孩子的优势，而不是孩子"真正的"优势。

另外，当孩子做出错误的选择并感到有些为难时，也是我们的一个好机会。这时，与他聊聊关于优势的事。为什么呢？因为这时的他可能是在什么地方忘记发挥自己的优势了。从优势的观念出发，来帮助孩子想一想，他还能做什么，从而提醒孩子思考，他自身具备哪些优势是他总是忘记使用的，只要他发挥这些优势就可以解决问题。必要的时候，我们可以向孩子展示，他应该怎样运用自身的资源，从而做出改变。这样，他就能在遭遇挫折和困难之后，迅速地调整自己，集中精力解决问题。

同时，能够发现自己的优势，才能善于发现其他人的优势，这也就让孩子更有共情的能力和观察的能力。最终，他们可以通过这个小小的思维习惯，拥有温暖的童年。所以，我认为家长要有能力帮孩子拥有一种力量，一种突破局限、发展自身的力量。虽然人生漫漫长路，变化才是唯一不变的，但是，一个懂得自己

优势的、自信的孩子，就可以拥有勇敢的、独特的精神力量应对生活中莫测的一切。

 峰哥语录

- 尊重孩子的选择，学会扬长避短，每个人都有自己的长处和短处。
- 不是因为擅长而去喜欢，而是因为喜欢才擅长。

第六章
好父母是有远见的，要放眼孩子未来的成长

发挥优势：
充分发挥孩子的优势，与孩子一起奔跑

现在，我们越来越多地听到，尽量发挥你的优势，做你喜欢且擅长的事。的确，家长如果不懂得利用孩子的优势力量，是很糟糕的。但是，我们总是在干吗呢？我们总是跟孩子说要克服缺点、要补齐短板。事实上，很多致力于优势教养的学者都发现，这样严厉地对待孩子，并没有让教养本身变得更成功。

要想帮助孩子获得成功，更重要的是培养孩子乐观、坚韧的精神。科学的做法是：家长应该把大部分注意力放在帮助孩子发挥优势上，而不是减少孩子的劣势上。不然，孩子会觉得学习和成长很艰难，甚至觉得乏味和沮丧。

把孩子的优势发挥到极致

什么是把优势发挥到极致？比方说，姚明把他的身高这个优势发挥到极致，他就成为一个篮球巨星；刘翔、苏炳添把他们的跑步的能力发挥到极致，他们就成了世界冠军；跳水运动员把他

们身体的灵活性发挥到极致，也成就了伟大的事业；科学家们，像袁隆平先生把他专心研究的优势发挥到极致，最后就成为非常伟大的人。

所以，作为家长，我们要带着孩子持续地去打磨他的优势。在这里，我要提醒各位家长，在孩子从小到大的成长过程中，不同的优势（包括孩子的生理、认知、情绪发展等各个方面的优势）并不是同时出现的，我们需要知晓孩子们大致的发展规律，这样我们才能在孩子不同的成长时期，对孩子有一个合理的期待。

孩子的大脑发育并不是一个线性的过程，而是一个有时飞速发展、有时暂停发展、有时发展得有点偏、有时甚至会倒退的过程。孩子们的大脑在整个发育时期（一般来说，这种发育要到接近成人时才算完成），都在努力完善自身，这种努力也会成就孩子自己，也正是在这些波动中，我们更容易去了解孩子的优势。了解到这一点之后，我们来谈谈如何在不同的时期，带领孩子持续地去打磨他的优势。

孩子不同时期的优势打磨术

当孩子还处在小学中低年级，甚至更小的时候，我们可以开门见山地与他探讨他的优势，以防他自己没有发现。比如，一个孩子特别喜欢在纸上画画，喜欢运用各种各样的色彩。这可能是具有绘画天赋的孩子，也可能是具有非凡创造力的表现。不用

第六章
好父母是有远见的，要放眼孩子未来的成长

担心我们是不是判断得不够精确，我们就直接和孩子说："我觉得你很喜欢画画，你非常擅长用图形表达，你会成为一名画家。"因为孩子在小的时候，家长主动指出孩子正在做他擅长的事，孩子会觉得受到鼓励，而且愿意继续做。

这时，坚持是非常重要的。对于孩子而言，即使是他喜欢的事情、有优势的事情，也会因为懒惰或恐惧而不去做。讲到这里，我就想讲讲我家两个孩子的案例。我们家老大特别喜欢骑马，他天天为了骑马，可以想尽一切办法。老二刚开始就不喜欢骑，为了不和哥哥一起骑马，他连骑马的那个地方都不去。我就想了一下，他是真的不想吗？是对这件事情没有优势或者没有兴趣吗？

我想，那行，你不去我就送你哥哥去。后来，每一次哥哥走的时候，他都问，你干啥去？我说，骑马去。问着问着呢，他就愿意跟着我们去骑马那个地方，一开始他连马场的台阶都不上。为什么呢？他说，他怕。但是，去了几次之后的一天，他说自己想摸一摸马。我们就让他站在台阶上，马抬起头来，他就摸了摸。教练就说，要不让你坐一坐？他没反对，就上去坐了。坐了坐，后来就又想走一走了。现在，每次他哥哥骑马的时候，他说我也要去，现在也开始学骑马了。当然，如果最终证明，他就是不喜欢，害怕骑马，我们也不会逼他。

各位，您看看，一个人对一件事情的认知或者感兴趣是通过一个漫长的过程影响，对不对？您想是不是这样的道理？孩子在学习过程中是不是这样一个道理？咱们很多家长真的等不及，孩

子第一次不想干您就逼着干，为啥逼着干？是因为您觉得合适，所以有一种爱好叫作父母喜欢，有一种爱好叫作孩子喜欢。究竟这件事情是您喜欢还是孩子喜欢，您得想清楚。如果这件事情是您喜欢，您想让孩子做，这个孩子是一定不会去做的，并且做了效果也是不会好的，对不对？

而当孩子成长到青春期时，我们就不能这么直接了。孩子处在青春期时，是非常敏感的，家长要学会退后一步。我们可以为孩子创造更好的环境，让孩子明白把自己热爱的事情和创造力优势结合起来会多么美妙；我们可以为孩子保驾护航，当周围人对他的期许，令他发生一些认知混乱的时候，告诉他热情高涨的人固然受人欢迎，但安安静静也没什么不好，内向的人也同样具有自己的优势。

数据表明，全球已经有数以千万计的人参加了类似盖洛普优势识别器的在线测试。在我国的各大职业成长培训平台，也有大量关于优势效应的课程。因此，我们作为家长，要学会快人一步，别等孩子长大了再苦苦寻觅自己的优势。这又何尝不是一种"赢在起跑线"上的做法呢？

优势教育是以积极心理学为基础的一种受到广泛传播的理论，这个理论要求父母不仅要照顾孩子的基本生活需求，还应当结合孩子的特长爱好，去支持孩子。为人父母者，为孩子计深远。如果想让孩子有一个充实幸福的人生，那么，帮助孩子找到优势并不断打磨，是家长们尤其要考虑的事。

第六章

好父母是有远见的，要放眼孩子未来的成长

峰哥语录

- 我们努力的目标，就是要成为更好的自己。
- 你要选择做一个终身成长的人，而不是一个故步自封的人。

关注目标：
不要只关心孩子的排名，回到学习本身来

可能没有家长会拒绝好成绩。每年春节，我们很多家长依然没有改掉传统的陋习，还是忍不住要问孩子考了多少分，全班第几名，尽管现在老师已经不让问了。为什么现在的学校不再像我们小时候一样，把全班学生的成绩排名，并粘贴在墙上了？一方面是保护孩子脆弱的心理，以防孩子被比较、被贬低，一方面也是希望孩子把精力真正放在学习本身上。今天，我们就来聊聊对孩子的教育如何回到学习本身上来，而不是揪着成绩不放。如果您的初心和方法对了，孩子成绩的提升就是一件自然而然的事了。

分数也是奖励的一种

我多次在我的直播间里和各位家长强调，不要用买手机、买鞋这种物质奖励来激励孩子学习，因为物质奖励有诸多害处。但是，我们可能忽略的是，成绩本身也是一种奖励，虽然不是物质

第六章
好父母是有远见的，要放眼孩子未来的成长

实体，但对孩子学习热情的损伤是差不多的。我一直跟家长说，孩子考了多少分，您都要让他知道您始终支持他，不会放弃他。从本质上讲，学习是一生的事，尽量让孩子在学习当中获得乐趣，才是家长最该关心的事情。

无论是百分制、十分制，还是"ABCDE"，这种有明显等级划分的"分数"，对孩子真正爱上学习，都是有害的。无论是语文、数学、物理、化学、生物、地理、历史哪一科，孩子都有可能在探索知识的过程中获得乐趣，在他们擅长的科目上，他们会倾向于完成富有挑战性的任务。在这个过程中，孩子们会深入学习并有可能进行批判性的思考。但是，如果他们把考试和分数这件事放在心上，他们就只关心考试的重点是什么，常见考点是什么。

在我们传统的学习中，老师都会在考前画重点，这是一种非常浮躁的学习方式。这会让孩子认为，书里的知识分两种，一种是有用的，一种是没用的。作业也是如此，如果您特别重视孩子的作业成绩，孩子也会认为作业就是一个不得不完成的任务，而不是一个对所学知识进行巩固的手段。在这样的学习氛围中的孩子，都会懂得投机取巧的办法。能够做到终身学习的人为什么这么少？因为，在应试教育中长大的孩子，对不能马上"用上"的知识，提不起丝毫兴趣。

不要让孩子炫耀成绩单。当孩子们的注意力放在如何用更便捷的方式获得"高分"，学习真正的乐趣也就消失了。对分数越看重的孩子，对学习越没有兴趣。当然，不是所有孩子都对分数这么敏感，可是大多数都是这样的。这也是为什么很多学校都在

致力于尽量弱化分数，哪怕是单独发给孩子。当您能够真的关心孩子学得开不开心时，您也会质疑分数的意义。当然，我知道这很难。高考是座独木桥这个观念，依然在我国深入人心。

从长远来看，特别看重分数还会导致非常不好的后果，即孩子不敢挑战困难的任务。孩子越看重分数，越会逃避那些可能完不成的任务，用来规避风险。这可能也从某种程度上解释了为什么很多学霸进入社会之后，表现平平。因为他们下意识地判断，那些容易的任务更容易达成，更容易取得"高分"。为了避免失败，他们总是会选择那些自己能完全胜任的工作，因而没办法获得快速的成长，甚至止步不前。

其实，这不就是我们成人的思维吗？高考出分了，报考技巧告诉我们，选择一个好学校、差专业，用好学校的名头作为敲门砖，再去打开新的机会；或者选择一个差学校，但是未来容易获得工作机会的专业，这样可以把分数发挥到极致。家长真的关心孩子是不是能够拥有一个完美的大学生活吗？真的关心孩子是不是喜欢这些选择吗？

别再逼迫孩子取得高分，回到学习本身来

如果"分数"这个评价体系本身就有诸多危害，那么作为家长，我们再逼迫孩子取得高分，危害就更大。不能说我们自己也曾经历这一切，或者说其他家长都在这么做，我们就看不到这种做法的危害了。我们要帮助孩子摆脱一种想法，即"分数"比学

第六章
好父母是有远见的，要放眼孩子未来的成长

习本身还要重要。

咱们已经看到太多因为家长逼孩子考高分逼得太紧了，导致孩子想不开要自杀，甚至最终酿成悲剧的案例。把孩子逼得太紧，无论是想通过奖励激励他，还是想通过惩罚吓唬他，对孩子的心理健康伤害都非常大，孩子可能会因为压力太大而焦虑、抑郁。我们已经知道分数的出现，对孩子的学习兴趣是一重打击，要是再因为分数对他"赏罚分明"，孩子对学习的兴趣就丧失得更加彻底。

如果家长对孩子的期望过高，当孩子不能满足这种期望的时候，就对孩子给予打击和严惩，后果是很严重的。遗憾的是，这么做的家长真的不在少数。从咱们自己小时候到现在成为家长，似乎都认为这件事没有任何问题。我常听到一种说法就是，"我要是考不上大学，我爸就要打死我"。这背后的逻辑是，孩子已经认定，您对他的爱护和关心是以他的成绩为前提的，这就是典型的有条件的爱。这样的孩子会发展成什么样呢？他认定自己需要不断做出比其他人优异的事情，让家长以他为荣。这种想法会伴随他几乎一生，并影响到他的自我价值判断。他害怕失败，因为一旦失败，就会认为自己是个不值得被爱的人。

我发现，那些以"成绩"作为条件来决定给孩子多少爱的家长喜欢攀比，他们在饭桌上、在单位里直截了当地炫耀自己的孩子最聪明。家长这么做，会让孩子长期生活在会不会令家长失望的恐惧中。所以，为了孩子拥有更幸福的人生，不要再做只关心孩子成绩的家长了。

觉醒的父母
理念篇

峰哥语录

- 父母调整心态，孩子才会调整状态。
- 教育子女最怕短视化，比如过于看重某一次考试。
- 学习是个漫长的过程，读书是个漫长的过程，习惯养成是个漫长的过程。

第六章
好父母是有远见的，要放眼孩子未来的成长

助力孩子：
不要轻易否定孩子，做孩子梦想的助力人

"我家孩子就是被宠坏了"，这样气急败坏地在我直播间说自己家孩子的家长真的很多。真是这样吗？您阻止孩子做他想做的事还少吗？您逼着孩子做他不喜欢的事还不够多吗？如果您不信，请数数您一周要对孩子说多少次"不行"。

您可能会说，我这是对他负责。没错，当您懒得去探究孩子为什么这么想、这么做时，您就拿出"为他好"来当挡箭牌。所以，我今天想和您讨论的就是，别轻易否定孩子，孩子需要您的支持。

家长的否定会让孩子非常沮丧

"我说不行就是不行！"这话可太伤人了。我知道，您忙活一天了，如果孩子此时还提出各种不合理的甚至危险的要求，您真的会不耐烦。但是，如果要尊重孩子作为独立个体的地位，您起码要听听孩子怎么说吧。哪怕孩子年龄还小，他也有自己的想

觉醒的父母
理念篇

法。您可能会觉得孩子想做的事情特别危险,但是这事情真的那么危险吗,还是只是您觉得有点麻烦?比如,孩子想玩泥巴,您说"不行"的理由,大概是清洗衣服很麻烦。孩子想让您和他一起跳绳,但是您工作了一天,这会儿精疲力竭,您会说"不行,你自己玩吧"。诸如此类的事情,太多了吧?

我并不是在要求父母都成为超人爸妈,但是,我希望您可以在可能的时候答应孩子,特别是年龄小的孩子。家长要知道,总对孩子说"不行",孩子会陷在沮丧的情绪里出不来。我知道,当您感觉负担过重时,很难那么有耐心。但是,说实话,养孩子就是累人的活,父母都应该有这个心理准备之后再考虑迎接新生命的到来。如果您想所有的时间都属于自己,房间总是很整洁,不用照顾另外一个人类幼崽,那么,可能您就应该缓一缓再考虑要孩子的事。

当然,我不是说您只能说"可以"。因为我发现,好多说"可以"的家长也同样是在敷衍孩子。您约了朋友来家里聊天,这时候孩子说要玩 iPad,您就懒得再去管他到底玩了多久,只要不烦到您就可以。出于怕麻烦、怕吵闹的妥协,并不是真正在意孩子的诉求和欲望。这会助长孩子一种错误的认知,只要他不断吵闹,就会得到家长的同意。

我们当然不可能照顾到孩子的每一个诉求,所以,我在和您讨论的是,您如何认真对待孩子的诉求,能够支持的尽量支持,确实不能支持的,想明白是因为什么。这样认真地、严肃地对待孩子,真正把孩子当作一个独立的个体,对家长来说,才是最难的。这可比不过脑子地拒绝或者接受孩子的要求难得多，需要您有足够的耐心。

接纳孩子的梦想

那么，对于大一些的孩子呢？家长就不再说"不行"了吗？还真不是。大一些的孩子有了自己的想法，甚至是梦想、理想，但是家长接受不了，继续对孩子说"不行"。

事实上，父母不仅应该支持孩子的梦想，还应该在孩子迷茫的时候，懂得激发孩子的梦想。但为什么有的父母激发不了孩子的梦想？因为父母自己就没梦想，或者不知道梦想是什么。我记得，有个家长跟我说，他的梦想是生二胎。我问他，那你是不是还没有找到一起生的人呢？如果没有找到一起生的人，就赶快为了生二胎去寻找。然后，那位家长说，我有跟我一起生的人了，我这马上就准备生。这不叫梦想，今天就能干的事儿，当下就能解决的问题，还不能叫梦想，只能叫任务。

一个人有梦想才会有动力，一个人有梦想才会有追求。帮助孩子找到自己的梦想，做孩子追求梦想的坚强后盾，是我们为人父母的责任。梦想，至少是一个人真心喜欢，并且需要长时间的努力才能达成的事情。比如，有的孩子的梦想是当厨师，家长不能接受，觉得这个梦想不够有出息。听别人家的孩子说自己的梦想是当科学家，为国家贡献力量，觉得这比较好。

难道科学家就好，厨师就不好吗？一个孩子找到自己真心喜

觉醒的父母
理念篇

欢的事，并且能够持久地付出努力，把想干的事做好，这就可以了。当厨师开心就当厨师，一个能当厨师的人，如果让他当了科学家，他还憋屈。我们都知道，谷爱凌从小就把滑雪当梦想。实际上，滑雪是很危险的运动，如果她妈妈当初因为这个理由阻止了她，我们今天就看不见这个光芒四射的奥运冠军了。

所以，接纳孩子的梦想，没有我们想象得那么简单。我们要时刻提醒自己，只要这个梦想是不触犯法律的，是我们的家庭条件可以承受的，那么，不管孩子的梦想是什么，我们都应该陪伴他、支持他。

同时，作为父母，我们也应该对自己有一些比较高的要求。因为研究证实，大多数孩子倾向于将家庭成员当作目标甚至想要超越的对象，孩子们想要完成这个梦想。大多数的时候，这个家庭成员就是父母中的一方。实际上，孩子这样的努力是非常有意义并且有效率的。在我们的文化中，我们把这叫"子承父业"。实际上，在很多文化中，这都是被推崇的。因为，如果一个孩子的梦想是与父母正在从事的行业有关的，并且想做出比父母更高的成就，那么，家长就有能力根据自己的经验为孩子提供建议和帮助。比如，如果家长是一名警察或律师，孩子也可能想要从事法律方面的工作；如果家长的职业是医生，孩子也可能想从事医学方面的工作；如果家长的职业是老师，孩子也可能想从事教育方面或者研究方面的工作。

没有哪个孩子希望自己一直被父母拒绝，长此以往，孩子就很难养成健全的人格。所以，我认为，作为父母，在孩子小的时

第六章
好父母是有远见的,要放眼孩子未来的成长

候,要尽量满足他的正当诉求;在孩子大一点的时候,要懂得陪伴他,支持他实现梦想。

峰哥语录

- 对孩子来说,想让自己的童年变得真正有意义,就要不断地去追求自己梦想的目标。
- 父母要有意识地让孩子做出选择,不要无意识地对孩子进行否定。

第七章
好父母是成熟富足的，和孩子建立情感上的联结

觉醒的父母
理念篇

爱的力量：
给孩子一生的安全感

也许真的要等我们老了才知道稳定、安全、充满爱意的亲子关系有多重要。一般来说，这个角色的置换可能会在我们60岁左右发生。在青壮年时期，我们拥有绝对强势的地位，而孩子的话语权是家长给的。这时，我们不觉得亲子关系是需要维系的。有的家长就直接跟我说："我亲生的还能恨我？收拾完他睡得可香了！"那么，您也许不知道的是，孩子会失眠，会记很久，也许真的会恨您。

便条里的爱

在我的直播间里，不乏当教师的朋友。有一位妈妈也是一名高中教师，她告诉我，自从听我的课后，就开始用写便条的方式和女儿交流。初二的女儿还为这件事写了一篇作文，叫《便条当中的爱与智慧》。这篇作文我也看了，看过以后我很感慨。我想，拥有一个好妈妈，真的是孩子人生的幸运。

第七章
好父母是成熟富足的，和孩子建立情感上的联结

孩子作文中题记的话特别好。她写道，一张张五颜六色的便条经过母爱的滋润与交换，滋养了自己的成长。孩子说，母亲的便条，从春天到秋天，再到冬天，又到春天，每一张便条都浸满浓浓的爱。

刚开始的时候，孩子看到这些便条，也在心里认为母亲太煽情，甚至把这些便条扔到书桌的角落里。孩子认为，都互联网时代了，怎么还用这种老掉牙的书信沟通的方式。直到有一次，在孩子考试失利的第二天，便条依旧如约而至。妈妈在便条中说："在一个人的成长过程当中，总会遇到各种各样的坎坷与挫折，妈妈相信你一定会通过自己的努力，在摔倒的地方勇敢地爬起来，妈妈永远是你坚强的后盾。"

我相信，这样的鼓励，对孩子是非常有效的，果然，孩子觉得既温暖又感动。现在，孩子也开始给妈妈写便条了，亲子关系融洽温情。

我认为，在不同的家庭当中，由于妈妈不同的表现，孩子的差异非常大。有时候，很多家长都会觉得，教育孩子太难了。其实，教育孩子并没有那么难，只要您能做一件正确的事，并坚持每天做，就能得到无与伦比的回馈。这位妈妈的故事，我真的发自内心地感动。我想，一个孩子从最初对妈妈交流方式的反感，看都不想看一眼，到今天能和妈妈互动，是多么难得。

不要伤害亲子关系

想拥有这么融洽温馨的亲子关系，我们要怎么做？首先我们

要明白，亲子关系当中包含了两层意思，第一层意思是亲子，第二层意思是关系。亲子包含了父母和子女，那么关系呢？关系是至少要有两个人才能产生，可能是妈妈和儿子、妈妈和女儿、爸爸和儿子或者爸爸和女儿的关系。好的关系是平衡的关系，任何关系都是如此。哪怕是员工和老板之间，如果不平衡，合作也不会长久，在一个家庭中，亲子关系不平衡，家庭氛围会非常差。

那么，怎么能做到平衡呢？首先是平等。您看，在我刚刚提到的故事当中，妈妈把女儿当作独立的个体，与她平等地沟通。家长朋友要知道，虽然您是"老子""老娘"，但您和孩子在人格上是平等的。当然，您的经验比孩子丰富，认知比孩子全面，您可以引领孩子，您有监护的义务。但是，您要充分尊重孩子的意志。举个例子来说，您觉得您家女儿渴了，您让她把这杯水喝了。您家女儿说不渴，不想喝。您说，最近感冒的这么多，让喝点水都不喝，怎么这么不听话。您家女儿说不喝，一点都不渴。您逼着人家喝，说"我为了你都操碎了心，你就不能懂点事"。然后，女儿烦了，只好把水喝了。但是，您要看到，在这样的场景中，您有多少不尊重在里面，亲子关系怎么可能好？

没有什么事情是值得伤害您和孩子的关系的。就为了他没好好吃饭？就为了他没按时睡觉？就为了他没把手洗干净？就为了他考试错了一道题？就为了他和隔壁小孩起了一点小冲突？我们永远不知道，哪一次没忍住的动手让孩子的世界天崩地裂，哪一句重话刺伤了孩子的心灵。我们是成年人，我们拥有绝对强势的

第⓯章
好父母是成熟富足的，和孩子建立情感上的联结

地位，因此，我们可以态度强硬，让孩子害怕我们。然后呢？孩子不再拥有安全感，他害怕爸妈不要他，害怕爸妈不喜欢他，害怕爸妈对他的爱是有条件的。

我记得，前两年有个孩子和我说，他不喜欢和他爸在一起吃饭，因为他爸总在饭桌上数落他，导致他吃饭根本吃不香。我就觉得，这都把孩子逼成什么样了。您相信亲子关系仅仅因为有血缘，就会自然而然地变得亲密无间吗？不会的。好多孩子见了家长就像老鼠见了猫，浑身难受甚至打哆嗦。孩子已经在您的面前这么没有安全感了，您还怎么教育孩子、引导孩子？孩子有一天遇到困难了，也不会向您求助；等他长大了，也很难自觉地去关注您的需求。

为了保护我们的亲子关系，家长要在孩子小的时候就做努力，让孩子感受到我们无条件的爱，让孩子拥有充足的安全感。这样，孩子有什么事情也愿意和我们说。等您有一天需要和孩子倾诉的时候，孩子也会愿意倾听。别轻易地为了琐事伤害亲子关系，也别揪着孩子某个小错误不放。如果不是孩子犯了原则性的错误，千万不要去"收拾"孩子，因为您"收拾"他，不但把孩子越推越远，而且令你们的亲子关系越来越差。

因此，作为家长，我们可以把养育的目标定得宏大一些，培养一个好孩子不在一时一刻，而是在每时每刻。这样您就不会因为一点小事去伤害亲子关系，因为一旦亲子关系差了，您再想把家庭教育搞好，那是难上加难。

峰哥语录

- 成为一个好妈妈,从不意味着牺牲自己。
- 亲子关系越好,语言的正面力量越大;亲子关系越糟,语言的负面力量越大。

第七章
好父母是成熟富足的，和孩子建立情感上的联结

正面引导：
让孩子在日常生活中进步

我认为，与孩子沟通也好，帮助孩子成长也好，并不是一种宏大的叙事。父母与孩子谈话，尽量不要激怒孩子，不要削弱孩子的自信，带他们出去走走，我们与孩子的关系，就会在每一缕阳光中，每一滴雨露中，默默成长。对孩子来说，进步是发生在小事中的。我们作为家长，也不能有那种一蹴而就的想法。沟通和引导不需要找合适的时间和地点，每一次与孩子的相处都是亲子沟通的好时机。下面，我想用轻松一点的方式来说明这个道理。

每一次微不足道的努力，都是成长的机会

首先，我想与大家分享一个故事。这个故事是关于世界美术史上最伟大的画家之一达·芬奇的故事。我们知道，达·芬奇在他30多岁的时候，还没有什么成就。与他同时代的画家，在这个年纪，可以说很多都功成名就了。于是，深陷困境的他只好千里迢迢去米兰，投到一位公爵门下。

一次，他得到了一个画壁画的机会。开始创作后，他通宵达旦地一遍遍勾勒草图，一次次地在那面墙壁前徘徊。一连几天的时间，他还没有动笔。公爵看他迟迟不动笔，就来催促他。公爵说，这只不过是一幅餐厅的壁画，用不着你那么劳心费神，随便画一幅就是了。但是，达·芬奇并没有这么想，他在创作任何一幅作品时，都力求完美。他从不会随随便便地画，他每一笔都很谨慎。于是，他查阅了大量的资料，做了充分的准备之后，开始动笔了。他仔仔细细，进度很慢，有时甚至要停下来思考几天才开始动笔。

其间，公爵来视察了好几次，对他的进度非常不满，认为他耽误了餐厅的开业。就这样，一般画匠只是十几天就可以画好的壁画，他整整画了三个月。餐厅投入使用后，每一位用餐的人都会注意到这幅壁画。这幅壁画太精彩了，公爵宴请的客人都来与公爵讨论这幅壁画。同时，因为这幅壁画达·芬奇声名鹊起。我相信，您已经猜到了，这幅壁画就是价值连城的世界名画《最后的晚餐》。

我们与孩子之间也是这样的，每一次沟通都认认真真的，不要存在侥幸心理，您就会发现在不知不觉中，孩子的品格、孩子与您的关系都会发生质的飞跃。

小事对孩子深远的影响

昨天，我和我的同事聊天，说起小时候的小事对我们长大

第七章
好父母是成熟富足的，和孩子建立情感上的联结

以后为人处世的方式都影响很大。他讲了一件他小时候的事。他们家是开小超市的，当年大家都还用纸币。有一次，有个顾客买了瓶水，给了100元让他们找零，等这个人走远了，他爸妈反应过来，这应该是假钱。在20世纪90年代，很多人都经历过这种事。当时，好多人收了假钱，就想办法再花出去。但是，他爸爸就说了，我要想把它花出去，我肯定能把它花出去，但我们不能花。当时，他就问他爸，为啥不花？在当时来讲，100元是非常大的数目了。他爸说，要是把这假钱故意花出去就是骗人，那个顾客如果明知道是假钱，还干了这种事，是他不对，但我们收了假钱，再出去花，就是我们不对。他爸也告诉家里的人，不许花这个钱。我的这位同事说，后来他慢慢琢磨，这件事儿真的影响了他一辈子。

是的，一件小事儿影响孩子一辈子。如果当时这位同事的爸爸鼓励孩子把这100元花了，那我想，今天的他可能也会成为一个为达目的不择手段的人，甚至成为偷鸡摸狗的人。实际上，任何优秀的孩子都不是横空出世，都是有迹可循的。

出去转转，看看世界

与孩子沟通的场景不一定是在家里，我非常鼓励家长带孩子出去转一转。见过世界的孩子，往往不会太差劲儿。好多家长跟我说，对孩子不放心，上了大学也不放心，不让去离家远的地方读书，甚至我知道好多大城市的孩子，理想就在自己家门口上

学,距离父母家甚至不超过10公里。这怎么行呢?

我记得,在初中的时候,我们学地理,就学那个地区的简称,比如内蒙古是蒙、北京是京、河北是冀、天津是津,等等。那个时候,我就怎么都记不全,有的地方就是记不住。然而,现在我反而将之前那些记不住的地方记住了,为什么呢?就是我走的地方多了之后,无形当中就明白了一些东西。原来我根本不知道什么是热带,什么是亚热带,什么是海洋气候,什么是季风气候……上学的时候,这些东西对我来说是很困难的。后来呢,我真的经历了这些气候,这些地理现象我就明白了。所以,只要条件允许,多带孩子看看世界。孩子多看看外面的世界,明白多样性的美好,明白世界上还有很多地方和事物值得好奇,他就会追求美好,他就能保持好奇。有的爸爸妈妈和我说,自己家经济条件一般,没办法带孩子旅行。其实,不是您没有经济实力,是没有思路和观念,花很多钱去个海岛,在五星级酒店躺着,也并不是真正的"走出家门",不过就是一家人换了个地方吃饭睡觉罢了。有的父母花很少的钱,和孩子一起做背包客,反而可以看遍世界。再退一步说,哪怕是隔壁村的风景,您带孩子看过吗?思想决定行动,拥有这种思路和观念是最重要的。

我经常强调,要多鼓励孩子,让孩子保持自信。有些家长就会问我,是不是孩子自信过头了就会自负?其中一个防止孩子由自信发展到自负的方式,就是帮孩子开阔眼界,认识到人外有人、山外有山。大多数心智健全的人,出现自负的倾向,都是因为自己的圈子太小,总觉得自己天下第一,所以他就自负,对

第七章
好父母是成熟富足的，和孩子建立情感上的联结

吗？那您帮孩子看到更多的可能性、更大的世界以后，他就不会自负了。

 峰哥语录

- 智慧的父母会把孩子点点滴滴的进步看在眼里。
- 不是父母不想教育好孩子，而是父母找不到教育孩子的通道。

就事论事：
迁怒是与孩子相处中的大忌

就事论事是一种解决问题的好态度，在成人之间也很重要。在家长与孩子之间尤其重要，如果您做不到就事论事，就会陷入迁怒的陷阱。什么是迁怒？我用大白话说，迁怒就是您今天心情不好，跟孩子没关系，您却把这个不好的心情传递给孩子，找碴儿跟孩子发脾气。显而易见，迁怒是万万不行的。

迁怒是父母的一种过错

今天您在单位受气了，回家看见孩子不写作业就更生气，劈头盖脸一顿骂。问题是孩子平时这个时间也不写作业，您并不骂他，这就会造成孩子的混乱。更有甚者，您这会儿想睡觉，结果您家孩子闹得不行，您觉得噪声太大，就骂他一顿。您高兴的时候，孩子把家给闹翻了，您都乐呵呵的，而今天您心情烦躁，孩子就坐着也不对，站着也不对，躺着也不对，啥啥都不对。这就是迁怒。

第七章

好父母是成熟富足的,和孩子建立情感上的联结

再举个例子。有一次,我送我家孩子上幼儿园,幼儿园门口停了很多车,我就把车停在比较远的地方,跟孩子边玩边往幼儿园门口走。突然有一个妈妈拉着孩子来了,孩子边哭边走,妈妈也不管,就说:"快点!迟到了!"我看看时间,并没有要迟到。我猜,可能是妈妈送完孩子还有别的事情,要迟到了。我们都理解,妈妈要顾很多事情很辛苦,但妈妈把自己着急的心情放在孩子身上,弄得孩子大哭,这也是一种迁怒。

人都有控制不了自己脾气的时候,而孩子在父母面前是弱势,父母往往就习惯跟孩子发脾气。这怎么办呢?我给大家说一种方法。假设每个人身上带了一个瓶子,里面装着水,我们不断往瓶子里加东西,当这个瓶子满的时候,水就会溢出来,是不是?溢出来怎么办?倒掉。这就像我们的情绪,溢出来时赶快倒掉,倒掉负面的情绪,剩下的就是积极的情绪。今天,您的怒气那么大,不经意间就想发火,就迁怒到孩子身上,就是因为您内心负面的情绪没有得到处理,您不懂得及时倒掉。

您可以给自己设定一个时间,例如每天早晨反思一次。昨天是不是无故对老公发脾气了,是不是对老婆态度不好了,是不是对待孩子的状态不对,还是自己又瞎着急了,或者又唠叨了。刻意练习将自己的负面情绪及时处理,您可以靠做家务、运动、读书、听音乐、找朋友聊天等方式处理您的负面情绪。今天倒点,明天倒点,后天倒点,不积攒,瓶子里面留下的东西就会对您越来越有利。

情绪管理做得好的家长,不管他有多生气,都还是那么和

善、那么坚定。管住孩子的，不是大声说话，不是拳打脚踢，不是靠您嗓门比孩子大、您力气比孩子大。当您学会心平气和的时候，您就有了格局和胸怀。

事实上，孩子管理情绪的能力比专注力更重要，我们现在通常称这种能力为"情绪力"。一个人成功与失败有很大一部分原因都受情绪的掌控。从某种程度上讲，好性格成就好人生。各位有没有这样的感觉：一个人的性格好，比较乐观，往往运气也好。

当你能够以微笑去对待别人的时候，别人也会给你微笑，所以人的情绪往往就是自己的一面镜子，当你对别人好的时候，你发现人家也对你好，你自己骂人家的时候，别人在背后也会骂你。所以，不管是孩子还是家长，无论您在公司是什么职务，领导也好普通员工也好，或者您在家中充当什么样的角色都不重要，重要的是您能不能用最和善、最坚定、最真诚的态度对待别人。

所以，能够管理好自己的情绪，是孩子未来的一大竞争力。那么，孩子如何能够管理好自己的情绪呢？一般来说，爸爸妈妈要有一个好情绪，如果家长是暴跳如雷的，那您的孩子也是一样的，如果家长是和善坚定的，那您的孩子也不会太差劲。我们在长大很多年后还会发现，自己无法控制地在模仿父母的样子，尤其是情绪失控的样子。很多研究都发现，人们在与伴侣吵架时，会不自觉地模仿父母吵架的方式。所以，家长一定要提醒自己，您在情绪失控时的样子就是未来您家孩子情绪失控时的样子。

第七章

好父母是成熟富足的，和孩子建立情感上的联结

孩子不是您的出气筒

不夸张地说，孩子被父母责骂，90% 的情况都是父母的迁怒，根本不是孩子犯了什么大错误。而乱发脾气的父母会失去父母的威严，同时，将亲子关系推入深渊。您说，您家孩子不听话，说什么都不听。您仔细想一下，您刚开始发火的时候，孩子还是怕您的，但次数多了孩子还怕您吗？俗话说，孩子"打皮实"了，他理都不理您了，对不对？

那些责骂孩子的字眼都不好听，孩子的心灵被您说得千疮百孔。孩子不是没有感情、没有自尊的物品，他是一个独立的人。当孩子被您说蠢、说笨时，他会觉得难受，他可能会开始讨厌您。一个孩子被莫名其妙地训斥时，他不一定能想到反驳。在您的设想中，他会顶嘴，会和您说他不是这样的。但是，很多的孩子是感受不到父母的迁怒的，他会觉得这一切都是他的错。他会相信父母信口胡诌的话，相信自己犯了错误，是一个又蠢又笨的孩子。

您对孩子出出气，您心情舒畅了。对孩子的影响是深远的，您说他不行，他就真的觉得自己不行了，于是，他就避免那些可能会证明自己不行的事。他就没有活力了，不再努力了。很多家长都在抱怨孩子的缺点，您或许该静下心来想一想，孩子的缺点是怎么形成的。或许是您把孩子从小当一个出气筒，而他却相信了您说的每一句话。他避开一切可能会犯错的事情，他相信只要

觉醒的父母
理念篇

他什么都不做,他就不会失败,而您就对他说不出来什么。您责骂孩子的后果,远比您想象的要严重。

当家长口出恶言时,那种对孩子的破坏力量是惊人的。当您不是就事论事,而是随意地责骂和评判孩子时,孩子会非常焦虑。避免使用那些词,如懒、笨、废物、不行、差劲等。您可以对孩子做错的事提出批评,但是不可以对孩子怒吼,贬低他智商、人格、身体。因为孩子从小是在父母对他的评价中认识自己的,他来到这个世界,需要父母告诉他,他是谁,他能怎么样。

您如果希望未来有个积极自信的孩子,您就别从小只知道责骂他,给他点积极的评价吧,他们需要这些来建构自己。事实上,家长应该利用每一个机会去夸奖孩子,给孩子积极的话语,只有这样,孩子才能更健康地成长。有的家长不知道这一点,有的家长知道这一点,但他做不到。孩子会急躁、会发怒,但家长应该懂得控制自己的情绪。父母如果迁怒,对他生气,孩子就会丧失安全感。您用生气的语调是没法和孩子沟通的,这时孩子没法感受到您对他的关心,只有可能感受到害怕、困惑。如果实在没办法控制自己的情绪,那么无论如何,让孩子相信,您的发怒不是因为他犯了错,也不会导致您对他的体罚、责骂甚至抛弃。这样,才能尽量小地伤害您和孩子的关系。

总之,当您与孩子的关系变得有些糟糕时,不妨反思一下自己做过些什么,别拿孩子当出气筒,一味地责备和批评,就算实在不能控制自己的脾气,至少别对孩子横加指责。对孩子就事论事、心平气和,与孩子温和地交流,不迁怒孩子,也不贬损孩

第七章
好父母是成熟富足的，和孩子建立情感上的联结

子，才是对孩子的尊重。

峰哥语录

- 当你发脾气的时候，问问自己：为什么没修养，为什么？
- 发脾气是人的本能，控制脾气是人的本事。

言行一致：
做孩子信得过的家长

我常常说，教育孩子的过程是家长自我反省的过程。孩子认识世界的重要方式之一是模仿，那您说从这个意义上讲，孩子需要的教育是什么？是您给了他什么样的生活条件吗？是您给他买了什么玩具或者什么书吗？都不是的。孩子们看到父母是怎样的，他就会学着成为那个样。所以，在这个意义上，做一个言行一致的父母也是非常重要的。孩子信得过您，就会愿意和您沟通。可见，教育真是家长的一场修行。

所以，我认为，要想成为孩子信得过的家长，家长至少要做到以下两点：第一，您要重视承诺；第二，您要懂得耐心地倾听。

承诺孩子的要做到

有些父母说了的做不到，成天信口开河，这对孩子未来的竞争力是一个特别大的损害。家长不要随意给孩子承诺，也不要随便给孩子说狠话。您一旦说了，就要做。我举个例子。之前有个

第七章

好父母是成熟富足的，和孩子建立情感上的联结

爸爸给我讲了个事，他说有一次他答应给儿子买汉堡吃，结果由于那段时间新冠肺炎疫情严重了，汉堡店一直不开门。这可怎么办，孩子还小，解释了他也未必能理解。这位爸爸就告诉儿子说，没事儿，爸爸肯定给你实现。这位爸爸就自己从冰箱里找出一些食材，自己琢磨怎么做汉堡，给儿子做了汉堡吃。

爸爸做的汉堡虽然没有卖的汉堡味道好，但是儿子跟他爸爸说，爸爸我就服你。爸爸当时就感动了，觉得自己坚持信守对孩子的承诺，是最好的育儿经。这就是一个爸爸在普通的事情中给孩子的生活的力量。另外，孩子身上的大部分问题都是父母自身问题的投射。这就好像是说，父母是原件，孩子是复印件。您别不信，您可以观察一下。如果您说话信口开河，孩子也不会遵守自己的承诺。据心理学家的研究，很多孩子到了结婚生子的年纪，与伴侣吵架的方式都与父母一样。所以，原件上的字就是错的，那复印出来一定是错的。我们怎么做，比我们怎么要求孩子要重要得多。

另外一种情况是，有些父母嘴上说着关心孩子的话，但是实际上不走心，这也是言行不一致。我们每天告诉孩子要诚实。其实，这个世界上孩子最真诚，成年人才往往不真诚。您嘴上说着孩子优秀，心里头对他不满意，甚至恨得咬牙切齿，想着怎么这回又考了70多分。您不要觉得孩子看不出来，您脸上的表情已经出卖了您。有些家长听了我的课之后，知道要关心孩子、夸奖孩子，但是，那个夸奖听起来特别像挖苦，这是不行的。咱们关心孩子，不能只落在嘴上说说，要言行一致、要真诚。其实，小孩子怕孤独，最怕父母冷落。孩子信得过您了，愿意和您沟通了，

孩子就会觉得自己是有底气的，不孤独了。

面对孩子的提问，要耐心

孩子怎么才能信得过您？您不能嘴上一直说，你是我最爱的大宝贝。但是，真的沟通交流的时候又异常急躁。您细细体会，您与孩子信得过的家长可能只差一个耐心的距离。每一个孩子都对世界充满好奇心，实际上，人类思维活动的起点就是提出问题。您回忆一下，您家孩子小时候是不是经常缠着您问为什么？那时候，孩子信任父母，认为父母什么都知道，所以向父母提出各种各样的问题。如果那个时候，您没给孩子足够的耐心，孩子也会逐渐变得不喜欢交流。

不过，大多数的家长并不是在孩子很小的时候对孩子失去耐心的。孩子特别小的时候，家长的耐心足；孩子提的问题简单，家长心里也有底。随着孩子的成长，家长有些问题回答不上来了，觉得孩子角度刁钻，就逐渐失去了耐心。这个时候，您千万不要不耐烦，不要打断孩子的提问和描述，这个特别重要。

孩子说话的时候，您就傻傻地听，能做到吗？把两个耳朵奉献出来。好的父母都懂得奉献自己的耳朵。您想，您都不愿意听您家孩子说，那谁愿意听？所以，对孩子的提问和描述，就做好一件事儿，就是把耳朵奉献出来。孩子的提问代表什么呢？代表孩子对事物的一种敏感。他越好奇，就越愿意探索和钻研。孩子的每一次探索和钻研都让他对知识产生一种向往。

第七章

好父母是成熟富足的，和孩子建立情感上的联结

有些家长总是打断孩子，还觉得自己很有道理。因为，这样的父母觉得一切精力都要用来学习课本上的知识。他们总对孩子说，别瞎想了，快去写作业！或者，你这还用说呢，作业都写不完，说啥呀。孩子12岁前是提问的高峰期，这段时间，作为家长一定要认真地听。哪怕孩子说错了，你也不要马上反驳他，先认同，再表达您的观点。您可以说："哇！你真棒！真是长大了，有自己的思想，特别好。但是，我也有一些想法，你想不想参考一下？"家长千万要记住这一点：不要先否定孩子，再讲您的道理；而是先认同孩子，再表达您的观点。事实上，在健康的亲子关系中，孩子一定会听家长的意见的。

最后，千万别唠叨。一句话能表达的，千万不要反复说。孩子已经听明白了，您还要解释。唠叨得太多了，孩子就会烦。孩子每天早晨走的时候，您强调路上注意安全，说二十多遍；强调上课好好听课，说一百多遍；强调和老师多互动，说三百多遍。就是这么个意思，您说得孩子都恶心了、摇头了，准备在耳朵里头塞点儿棉花了。

峰哥语录

- 肯定和信任比批评要强很多。
- 教育环境好不好，取决于家长是否有温度，能否给孩子耐心，能否给孩子鼓励。

信任孩子：
不怀疑孩子，这是爱的底线

有些家长朋友总觉得自己的孩子是不是已经没救了，总对孩子说"你不行"。这是明显的怀疑孩子并自我设限的行为。实际上，不到最后谁也不知道孩子会怎么样。我们不要过早地给自己设限，给孩子设限，不要动不动就对孩子说："你不行！"我们应该对孩子满怀希望，也要对自身有所要求。只有"懒惰"的家长才总是怀疑孩子。您这样怀疑孩子，带给孩子的伤害很大。我反复强调的就是，只有当我们充分信任孩子之后，我们才能深入了解他们，进而处理家长与孩子的关系。

"懒惰"的家长怀疑孩子

我刚开播的时候有一个案例，很多老"粉丝"都听过好几遍。那位家长也是搞教育的，据说孩子在小学的时候，成绩是比较一般的，但是到了中学就突飞猛进，能考到全校前三名。我就问他家孩子，怎么到了初中就进步了。孩子才说，他上六年级的时候

第七章

好父母是成熟富足的,和孩子建立情感上的联结

还在家住,有一天,早晨起来上厕所,看到他们家厨房灯亮着,发现是他爸在做早餐,那会才早晨 5 点多。孩子想,5 点多他爸就在厨房里做早餐,所以,他才能每天早晨吃到好几个菜。

后来,孩子上初中住校了,他说每当他自己学习没劲的时候,脑袋里头就想起他爸爸给他做早餐的样子。所以,他刻苦起来也能早晨 5 点多就起床背书。孩子说,现在他每个月回一次家,回来以后他爸从来不跟他聊学习,就问他爸爸能给你什么帮助。孩子提出来的要求,爸爸总是竭尽全力地去实现它。我说,这就是好的父子关系。当父母给了孩子这种激励,孩子也会发自内心地想向父母证明什么,他就能拼了命地干。

我每次讲这个案例的时候,总有家长说,这种事分孩子。别人家孩子这样,我们家孩子不行。要我说,这种事不是分孩子,是分父母。您家孩子做不到不是他不行,是您自身有一些问题。这位父亲给孩子做了 6 年饭,每天早晨都是几个菜,是为了让孩子考试好吗?不是的。他并没有期望孩子考到多好,他做饭就是因为爱孩子,希望孩子有个好身体。但是,我知道有些家长不是的,他觉得他给孩子做饭辛苦、洗衣服辛苦、削水果辛苦,孩子就应该回报父母,就应该有个好成绩,这种想法是非常要不得的。

孩子成为不同的样子,是因为父母有不同的样子。您对孩子好,目的是希望他考得好;您今天给他做点好吃的,也是因为他考得好您才做,那都是有条件的爱。众所周知,真正的爱都是没有条件的。您看您家孩子不努力、不沉稳、静不下心来,大概率的原因是您自己太浮躁了,您对他的期望都是短期的、功利的,

哪一个孩子都受不了。

有格局的家长帮助孩子实现梦想

我总是和家长强调,孩子要有梦想,有追求,积极上进,不拖拉不磨蹭。那么,孩子想实现自己的梦想需要具备两大要素:第一个要素是勇气,第二个要素是行动。一个人有了梦想还不够,因为在实现梦想的过程中,我们会遇到各种困难,如果没有勇气战胜自己,最后也是实现不了的。另外,一个人只想不做,是懦夫;只做不想,是愚蠢。大量的行动是实现梦想的基石。

前些天,有个上过我课的家长跟我交流说:"我家孩子这次成绩虽然不太理想,但是让我欣慰的是孩子考完试以后并没有像平时那样痛苦,而是跟我说,妈妈你放心,我给您分析一下这次成绩不理想的原因,还分析得清清楚楚。"这是什么?这就是勇气。面对困难,有战胜的勇气,还有战胜的方法。不仅不惧怕考试的失败,还分析出了失败的原因。我认为,一旦孩子有勇气这样去做事儿,哪有成功不了的呢?孩子能有这样的勇气,一定来自家长平时的信任。所以,信任孩子的益处,越往后您越能体会得到。

凡事要讲究方法

不怀疑孩子,充分信任孩子,是一种基础的教育孩子的方

第七章

好父母是成熟富足的，和孩子建立情感上的联结

法。为了说明方法的重要性，我想和大家分享一个小故事。这个故事是说两个学历和能力都相当的年轻人，差不多同时进入一家公司。一段时间后，甲被任命为部门负责人，乙期待自己也可以升职，于是他更加努力地工作。又过了一段时间，甲又升职了，乙还在原地，这回乙想不明白了，他和甲在各方面的水平都差不多，为什么自己完全没有机会？他带着疑问去请教公司的领导。领导没有说什么，只是让乙到菜市场里面看看有没有卖土豆的。乙去了20分钟以后回来了，报告经理菜市场只有一个老汉在卖土豆。经理问，土豆多少钱一斤？乙转身又回到市场，20分钟以后回来了，说土豆1元1斤。经理问，如果买100斤以上是多少钱1斤？乙又一次返回菜市场，20分钟后说，100斤以上8角就可以。经理问，市场上除了土豆，还有什么蔬菜？乙说再去看一看。这个时候，甲到办公室送资料。经理当着乙的面对甲说，去看看菜市场有没有土豆。甲转身去了，经理邀请乙和他一起等着甲。甲20分钟后回来了。他对经理说，市场上只有一个老汉在卖土豆，1元1斤，如果买得多还可以便宜。如果能买到100斤以上，就可以8角一斤。如果对这家土豆不满意，市场上还有新鲜的黄瓜、白菜、西红柿、红薯等。站在旁边的乙此时茅塞顿开。

在我们的生活当中，是不是也有这样的问题？有时候，仅仅听话、努力是不够的，用对方法也非常重要。很多时候，多想几步多看几步就是一种很好的方法。孩子在学习时，也可以参考这个故事的方法，要有计划性，要有全局观。否则，每天只弄明白眼前这道题，循环往复，不思考、不总结，会浪费很多时间的。

就像您平时对待孩子的态度，要是不思考、不总结，你可能都发现不了，您对孩子是这么不信任。

总觉得孩子不行，不信任孩子，不了解自己孩子的价值，是教育最大的失败。这样的情感基础，您是没办法与孩子深入地交流的。孩子们都希望父母能够信任他、关心他，把他当作一个重要的人并且爱他。

- 教育不是注入一桶水，而是点燃一把火。
- 不要在孩子面前给孩子贴负面标签。

第七章
好父母是成熟富足的，和孩子建立情感上的联结

正确夸奖：
给孩子插上翱翔的翅膀

我们都知道，自信是成功的前提。要想让孩子在未来取得成功，就要积极培养孩子的自信心。那么，孩子怎么才能有自信呢？我想大家现在都知道了，要想让孩子自信起来，离不开家长的夸奖。夸奖，的确是提升孩子自信心的最直接的方式。研究表明，经常受到家长夸奖和很少受到家长夸奖的孩子相比，前者成才的概率比后者要高5倍！另外，家长要善用多巴胺，那是孩子大脑中的奖励机制。当然，夸奖孩子有两点我们也要格外注意：第一，不要对孩子有不切实际的期望；第二，要站在孩子的立场去关注孩子。

经常受到家长夸奖的孩子更容易成才

咱们中国的家长，似乎特别喜欢在外人夸奖自己家孩子的时候，贬低自己的孩子。我有个朋友，女儿喜欢画画，亲戚就说："这孩子真有艺术天赋。"结果，孩子爸爸说："她有什么艺术天赋，她就是瞎折腾。"您曾经干过这样的傻事没？总是在别人夸

奖您家孩子时，在旁边说他不行，其实很一般。人家说您家的孩子聪明，您就会说他比起人家的孩子差远了。

　　为了研究母亲对人一生的影响，美国的心理学家曾经在全美范围内选出了50位成功人士以及50位有犯罪记录的人。然后，分别给他们去了一封信，邀请他们谈谈母亲对自己的影响。很巧的是，分别有一位成功人士和一位有犯罪记录的人讲了同一件事情——分苹果。那位还在监狱里服刑的犯人写道：我小时候，有一天妈妈拿来了几个苹果，有大有小，我非常想要那个又红又大的苹果。结果，妈妈听了后，瞪了我一眼，责备我说："好孩子要学会把好东西让给别人，不要总想着自己。"于是，我想了一下，改口对妈妈说："妈妈，我就想要那个最小的，把最大的留给弟弟吧。"妈妈听了果然非常高兴，把那个又红又大的苹果奖励给了我。从此，我学会了说谎。另一封信来自某个在白宫工作的著名人士，他这样写道：我小时候，有一天妈妈拿来了几个苹果，有大有小。我和弟弟都想要大的。妈妈把那个最红最大的苹果拿在手里，对我们说："我们都知道，这个最大最红的好吃，那么，谁都想得到它。现在我们来做个比赛吧，谁干得最快最好，谁就能得到它。"然后，我们三个人比赛除草，结果，我赢得了那个最大的苹果，妈妈还夸奖了我。

多巴胺：孩子大脑中的奖赏机制

　　我们常常听说多巴胺这个词，多巴胺到底有什么用呢？多巴

第七章
好父母是成熟富足的，和孩子建立情感上的联结

胺是孩子大脑中的奖赏机制，能帮助孩子活跃大脑。人们只要一想到要做一件特别喜欢的事，多巴胺的分泌就会增加，人就会兴奋和开心起来。其实，人首先是生物，和自然界的其他动物是有共性的。如果您不好理解多巴胺的作用机制，您可以试着看看动物的反应。养宠物的朋友都知道，动物都有这种条件反射，比如您每次给小狗喂食时，都会先拿起它的碗，再往里面放狗粮，那么，日后您每次拿起碗的时候，小狗都会开心地摇起尾巴，表现得迫不及待。

人类也是这样的。当我们在做不喜欢的事情或者很无聊的事情时，多巴胺分泌的水平会变得非常低，于是，我们就会拖延，不愿意干或者干得很慢。孩子也是这样的，如果他觉得做作业很讨厌或者很无聊，他就会一直磨蹭，您怎么催都没用。太多家长和我抱怨孩子磨蹭这件事了，对付这个顽疾，当然有各种各样的方法，其中一种办法，就是让孩子对接下来做的事情充满期待。如何让孩子也能通过体验到这种多巴胺的激增，从而帮助他更稳定、积极地去行动呢？

有的妈妈跟我讲："孩子一去写作业，浑身那个难受劲儿啊，就别提了。越催越不行，越催他，他越拖着，甚至为了不去写作业，说要我帮我做家务。反正就是不去写作业。"所以，单纯地催促孩子是没用的，我们要让孩子对他原本不愿意做的事情产生兴趣，有几个办法可以快速见效，比如：您告诉孩子，你做完作业就可以去玩一会儿游戏，因为对游戏的期待，导致孩子的多巴胺分泌水平上升，孩子很快就完成了作业。但是，这不是长久之

计,因为他没有把注意力放在写作业上。

那么,更有效的办法是什么呢?我想,可以在写作业的过程中,给孩子一些激励。这时,夸奖就又派上了用途。作为家长,夸奖孩子作业写得比前一天好,孩子就能感受到自己的进步和胜任任务的感觉,孩子的多巴胺分泌水平也会上升。这时,他就能开始渐渐期待写作业。善用生理机制对孩子进行夸奖,也是培养孩子自主性的途径。最终,多巴胺就能够成为管理孩子行为的"小帮手"。

不切实际的期望

正确夸奖孩子,有一条家长要谨记,就是不要对孩子抱有不切实际的期望。家长那些不切实际的期望,伴随的往往是父母对孩子的贬低和侮辱。在此,我分享个故事。有个家长朋友给一名企业老板做司机,做了很多年。老板和他是发小,两个人的孩子又正好是同学。老板的孩子在班里面几乎次次考试是第一名,这位家长朋友的孩子在班里面大概是前十名。有一次考完试以后,这位家长朋友就和他的孩子说,你看你叔叔家的孩子又考了第一名,你就不能努力点儿吗?好像这句话一直在伴随着孩子成长,每次考完试都有类似的对话发生。有一次孩子就忍无可忍了,和家长说:"你当我叔叔的司机当了 20 年了,今天还是司机,那我叔叔现在还是老板,你就不能努力点儿吗?人家叔叔是老板,他的女儿是第一名,你是司机,我当第十名也很不错了。"

第七章
好父母是成熟富足的，和孩子建立情感上的联结

说实话，咱们没什么理由反驳孩子。当家长唯成绩论时，也没法和孩子讲，职业没有高低贵贱之分，人生有很多选择。况且，如果爸爸真的一直过的是得过且过的日子，也要反思一下。很多时候，不是孩子不够努力，而是孩子也希望他的爸妈一起努力。况且，我们一直和家长强调，考高分并非我们的目的，最重要的还是培养孩子的好奇心。我们最终的目的，不就是让孩子喜欢上学习，真正对学习发生兴趣、发自内心地学习并感到快乐吗？这不容易，但这才是我们家长教育的终点。

有人和我说："王老师，我每天工作忙，孩子学习也不简单。他每天坐在那个硬板凳上七八个小时甚至十来个小时，那也很辛苦。我开家长会的时候，坐在那个地方两个小时都坐不住了，都觉得屁股疼。"如果家长能像这样换位思考，与孩子相互理解，用正确的方法去解决问题，孩子也会越来越好，越来越自律，而不是抱怨家长有过高的期望。

我看到，有的甚至孩子讲："星期天也不能多睡一会儿，要挤车上辅导班。一天到晚学这学那，就是不让玩，真没劲。天天受罪，还不如死了好。"在我们的传统育儿观念中，确实有通过给孩子一些很高的行为标准、过高的期望来表达父母关爱的倾向。但是，正如前面所说，孩子更可能因为父母的支持和尊重更加自律，而过度期望就像是把孩子拴在学习的车轮上不停地转动，支配孩子的生活，使孩子丧失学习的主动权。很多孩子因此心理压抑，与家长越来越对立。

站在孩子的立场去关注他

另外,站在孩子的立场去关注他也非常重要。很多家长经常自己感动自己,觉得自己站在孩子的立场上了,孩子怎么还是不行呢?我希望您仔细再想想:真是这样吗?在我们的文化中,"平等的亲子关系"是非常难的。家长们习惯处于控制的位置,自认为是在关注孩子,自己已经退了很多步了。其实,大部分家长的这种所谓的"退步"都是在自我感动,无形中给了孩子更大的压力。

有一次,有个四年级孩子的妈妈找我咨询。她说:"我家孩子从小没什么自信心,现在呢,就磨蹭、懒。只要我稍微口气一生硬,他就开始哭。我一直就嗓门大,但也极力地在改变自己。在孩子身上下的功夫很多,但效果都没有出来。我也没有想孩子多出色,就想让他有一个正常的健康心理就行了,也不希望他是全班第几。每天早晨孩子起来送他去学校的时候,我就跟孩子说,儿子你是妈妈心里面最棒的,你比哪个孩子都强。你上课认真听讲,完了以后你下来想玩就玩。该玩的时候玩,该看书的时候看书。我跟他说,在妈妈对你没有太大的要求,因为在妈妈心中你是最棒的,在班里面你也是最棒的。他回家以后做家务,不管他是做得好还是不好,我都不会说他,我还说儿子你今天是最棒的。这个话我都挂在嘴上,但是一到写作业的时候他就开始磨。我说你咋就老磨,你能不能快点写完。你早写完 10 分钟,妈妈

第七章
好父母是成熟富足的，和孩子建立情感上的联结

能跟你早玩 10 分钟。"

我当时就和这位妈妈说，"您早晨跟他说，妈妈觉得你是最棒的，你只要怎么样就可以。只能说您这娃娃好骗。您夸他的目的，不就是让他今天好好听课，把作业写好吗？您还在那儿说他心理健康就行，考多少没关系，您也不在意。您别骗自己了，他考个第一名，您心里比谁都在意，您就是不敢往出说而已，对不对？"

其实，我们很多家长都有这个问题。表面上看，在给孩子自由，其实还是在管制他。而且，对于孩子来说，这种管制压力更大，容易使孩子形成"讨好型"人格，您这么做，使得他不但要听家长说什么，还要不停地观察家长的脸色。所以，解决问题的第一步，是您要对自己诚实，不要心里想着不敢说出来。

想让孩子变得更好，学习成绩更好，这种心理是正常现象，不要去否定自己。我也希望孩子变好，谁不希望孩子变好？但是，我刚才说的这位妈妈，实际上觉得孩子磨蹭、懒又不自信，夸奖并不是发自内心的，孩子也感受不到。孩子感受到的就是，家长口气硬、嗓门大、脾气不好。

教育孩子是一个漫长的成长过程，在这个过程中，也需要爸爸妈妈不断地成长。您一直强迫孩子是不行的，还是说做作业这个事，智慧的父母关注如何休息、几点睡觉，站在孩子的立场去关注他。孩子休息的时间规律了，学习的时间也会规律。

我经常提醒家长们，千万不要给孩子贴标签，什么磨蹭、懒、没自信，甚至抑郁症、多动症。当然，我不是让家长讳疾忌

医,但是不要动不动就觉得自己家孩子有问题,把所有的"症"都安在自己家孩子身上,孩子的心理压力就会更大。因此,不对孩子抱有不切实际的期望,站在孩子的立场去关注他,并且真诚地夸奖他,孩子一定会给您意想不到的惊喜。

峰哥语录

- 赞美是打开心扉最好的钥匙。
- 孩子的努力不努力,来源于父母的鼓励不鼓励。

润物无声：
父母与孩子建立联结的一些小事

爱的语言，其实是有一些规律可循的，大多数孩子都会从家长的拥抱安抚、激励肯定、特别的庆祝、有意义的礼物等感受到爱，从而与家长建立好的亲子联结。当然，不同孩子的感受不尽相同，但大体上的思路是这样的。所以，我建议家长通过日常生活中的小事来对孩子表达爱，在润物细无声中，与孩子建立起亲密的联结。今天，我就给大家提供几种思路，分别是：多陪孩子吃饭、给孩子生活的仪式感、让孩子在家写作业、教会孩子认识金钱、和孩子一起读书。

多陪孩子吃饭

家长找我咨询的时候，我经常会问家长一个问题：您常常陪孩子吃饭吗？有的家长不理解，说这算什么事，饭我都给他做好了，或者我都请阿姨给他做好了。但是，您可能没有意识到，多陪孩子一起吃饭，是与孩子进行联结的必要动作。有的家长说，

我太忙了，我让他自己吃。我的很多家长学员是跑业务的，我就问他：您想把客户维护好，您怎么弄的？是不是偶尔和客户一起吃个饭？现在不像过去了，不是所有业务都在饭桌上谈成。但是，要维护长久的稳定的客户关系，是不是大家也要来到线下，吃吃饭、喝喝茶、聊聊天，对不对？或者，您和您的哥们儿、闺蜜，平时没事儿了是不是也想一块吃饭去？这是人之常情。但是，您从没想过，您要想和您家孩子搞好关系，应该多陪他吃饭。

和孩子一起吃饭，不是看他有没有吃饱，而是和孩子联络感情。您能和客户联络感情，能和哥们儿联络感情，但是不会和孩子联络感情。好多家庭是这样的，即使一起吃饭，也是拿着手机各自看视频，然后在那儿狼吞虎咽地吃，吃完把碗一扔走了，对不对？所以，今天的家长不要纳闷孩子跟您关系不好，不理您了，是长大了还是怎么回事。原因很简单，就是因为您没有用心地对待孩子。所以，就出现了各种各样的问题。吃饭的时间，应该是一个家庭最温馨的时间。我们一定要利用好这段时间。千万不要做那种父亲，从来不着家，一回家就和孩子"聊天"，要是再喝点酒，自己脑瓜子里头都不清醒，就跑到孩子面前沟通去了。您这么做，显然沟通不了什么，还会令孩子非常反感。

美国前总统奥巴马曾说，他特别注重陪伴家人的时间，只要不是有特别急的事，他一定要回去陪家人吃饭。这点，我们东方的男性大多数都做得不好，包括我自己做得也不一定好。所以，我要和大家一起努力。我现在只要不出差，就很少在外面吃饭。在家吃饭的时候，那种温馨本身也很吸引我，我相信家人也都可

第七章
好父母是成熟富足的，和孩子建立情感上的联结

以感受到。家庭当中有了烟火气，您和孩子的联结更加亲密，孩子的发展也更加健康。您觉得吃饭可能是一件小事儿，但是对孩子来说是大事儿。

给孩子生活的仪式感

除此之外，您还要努力为孩子创造一些生活的仪式感。为什么好多夫妻，到结婚纪念日要一起去饭店吃一顿，甚至开瓶好酒。现在大家生活条件好了，平时也会去饭店吃，但结婚纪念日就一定要好好安排一下，这就是生活的仪式感。这样，孩子对很多事情就会更加期待。有的家长会问，什么叫仪式感？其实，仪式感这件事，之所以不叫仪式，而叫仪式感，就是因为这是您和孩子的一种感觉。比如，过生日的时候吹蜡烛，这就是一种仪式感；孩子端起杯来，说句妈妈辛苦了，也是一种仪式感；甚至同样是吃饭，为什么有些好看的盘子摆出来的菜，吃起来格外香？这也是一种仪式感。您夸奖孩子，除了口头上的夸奖，您可以和他有个小的属于自己的仪式，哪怕是击掌。

对于比较小的孩子来说，睡前给孩子讲一讲故事、读一读绘本，也是加强和孩子联结的好方法。另外，睡前给孩子讲故事，会让孩子从小爱上读书，一个从小就爱上读书的孩子，不仅很有竞争力，而且未来您会少操很多心。学习力、学习兴趣什么时候培养的？在孩子小的时候就要开始培养，不能说等孩子上了小学才开始着急。如果孩子上小学之前，都没怎么读过书，您让他一

下子爱上学习真的很难。

让孩子在家写作业

关于孩子在培训机构写作业这件事，我为什么不赞成？我在直播间说过很多次，我从2008年到现在做教育培训这么多年，其实不是特别提倡家长把孩子送到培训机构写作业。当然，在这个问题上，不同的老师有不同的观点。我个人的想法是，如果为了让孩子把作业写完整，把他送到培训机构，那么，孩子会不知道今天写作业的目的是什么。孩子上学以后，与家长相处的时间本来就很少，家长与孩子交流作业的过程，也是亲子发生联结的好机会。在培训学校，孩子只是把作业完成了，没有亲子之间的沟通和交流，家长也发现不了孩子的问题，这就很麻烦。

所以，尽管我曾经开了七八家直营校，但后来我把所有的培训机构全关掉了。我认为，一个孩子的成长离不开父母，任何人都取代不了父母的角色。尤其是对孩子学习习惯的培养，必须依靠父母一点一滴耐心地去引导和教育。

教会孩子认识金钱

帮助孩子一点点建立金钱的概念，也是和孩子建立联结的日常小事。我一直在强调，您给孩子留下多少钱不是最主要的，给孩子留下什么品德、什么家风才是最主要的。但是，我的意思不

第七章
好父母是成熟富足的，和孩子建立情感上的联结

是说，孩子就不要学会赚钱。或者说，我们也要有一个意识，从小培养孩子的经济自理能力。因为如果没有这种能力，孩子长大可能面临着越想赚钱，越赚不到钱的恶性循环中。这也是我们常说的"财商"，人有智商、有情商，也有财商。"财商"这个概念是在《穷爸爸富爸爸》中提出的。还有一本培养孩子财商的启蒙书《小狗钱钱》也很受欢迎，甚至很多大人都用这本书作为理财的启蒙。爸爸妈妈要思考如何培养孩子的财商，是为了能够让孩子从小对金钱有概念。

和孩子一起读书

另外，我认为读书是人能够高质量独处的一个非常有效的技能。随着孩子长大，我们一直强调孩子的社交能力，其实，孩子的独处能力也很重要。人只有学会独处，才能够学会反思；学会反思，才能不断进步。而那些从小由家长陪着读书的孩子，长大以后也放不下书。人的一生当中如果都跟书相伴，人生一定不会太差，而一个人一拿起书来就犯困，不说人生会越来越暗淡吧，至少是不太有质量的。所以，从孩子小的时候开始，睡前陪孩子读读故事，非常有益处。不要一到孩子睡前就唠叨孩子，把孩子的毛病从头到尾说一遍，这也不利于孩子的睡眠。用这个时间去唠叨，真不如陪他读读书。未来的竞争不只是看您家孩子的学历有多高，还要看孩子有没有学习能力。

不是我自夸，我就特别欣赏我爱人，现在每天晚上坐在床边

觉醒的父母
理念篇

陪着老二读书。之前老大小的时候，也是天天陪，每天雷打不动。这种习惯一旦养成，不用您每天催，孩子一到睡前，就说妈妈要陪我读书了。孩子喜欢这种互动，会缠着妈妈和他一起读，所以，我家孩子心是比较静的，从小读书的孩子就是这样。所以，家长如果还有机会，千万不要错过这个时间段。有的家长跟我说，自己没文化，不会读书；我认为，这是找借口。人的学习是无止境的，您要想教育好孩子，就要不断学习。您可能讲得不生动，讲得比较浅，这没关系，亲子的联结在这个过程中建立起来了。有时候，家长和孩子一起学习，效率更高，甚至越是这样的家长，孩子成长越快，反过来还可以给家长讲。

所以说，与孩子良好的互动才是我们最终追求的，被忽视的、不被理解的孩子不会快乐。您陪伴孩子最好的时间，就是在孩子心情放松的时候。而今天的很多父母平时对孩子不闻不问，孩子犯错误了、成绩下降了，才想起和孩子沟通。实际上，与孩子最好地建立联结的契机都发生在日常小事上，哪怕是陪孩子吃顿饭。

峰哥语录

- 父母对待孩子最好的态度是和善而坚定。
- 如果您在教育孩子的过程中感觉到痛苦、感觉到难过、感觉到失望，一定是您的方法错了。